ESQUIZOFRENIA

COLEÇÃO "CLÍNICA PSICANALÍTICA"
TÍTULOS PUBLICADOS

1. Perversão	Flávio Carvalho Ferraz
2. Psicossomática	Rubens Marcelo Volich
3. Emergências Psiquiátricas	Alexandra Sterian
4. Borderline	Mauro Hegenberg
5. Depressão	Daniel Delouya
6. Paranoia	Renata Udler Cromberg
7. Psicopatia	Sidney Kiyoshi Shine
8. Problemáticas da Identidade Sexual	José Carlos Garcia
9. Anomia	Marilucia Melo Meireles
10. Distúrbios do Sono	Nayra Cesaro Penha Ganhito
11. Neurose Traumática	Myriam Uchitel
12. Autismo	Ana Elizabeth Cavalcanti
	Paulina Schmidtbauer Rocha
13. Esquizofrenia	Alexandra Sterian
14. Morte	Maria Elisa Pessoa Labaki
15. Cena Incestuosa	Renata Udler Cromberg
16. Fobia	Aline Camargo Gurfinkel
17. Estresse	Maria Auxiliadora de A. C. Arantes
	Maria José Femenias Vieira
18. Normopatia	Flávio Carvalho Ferraz
19. Hipocondria	Rubens Marcelo Volich
20. Epistemopatia	Daniel Delouya
21. Tatuagem e Marcas Corporais	Ana Costa
22. Corpo	Maria Helena Fernandes
23. Adoção	Gina Khafif Levinzon
24. Transtornos da Excreção	Marcia Porto Ferreira
25. Psicoterapia Breve	Mauro Hegenberg
26. Infertilidade e Reprodução Assistida	Marina Ribeiro
27. Histeria	Silvia Leonor Alonso
	Mario Pablo Fuks
28. Ressentimento	Maria Rita Kehl
29. Demências	Delia Catullo Goldfarb
30. Violência	Maria Laurinda Ribeiro de Souza
31. Clínica da Exclusão	Maria Cristina Poli
32. Disfunções Sexuais	Cassandra Pereira França
33. Tempo e Ato na Perversão	Flávio Carvalho Ferraz
34. Transtornos Alimentares	Maria Helena Fernandes

35. Psicoterapia de Casal — Purificacion Barcia Gomes e Ieda Porchat
36. Consultas Terapêuticas — Maria Ivone Accioly Lins
37. Neurose Obssesiva — Rubia Delorenzo
38. Adolescência — Tiago Corbisier Matheus
39. Complexo de Édipo — Nora B. Susmanscky de Miguelez
40. Trama do Olhar — Edilene Freire de Queiroz
41. Desafios para a Técnica Psicanalítica — José Carlos Garcia
42. Linguagens e Pensamento — Nelson da Silva Junior
43. Término de Análise — Yeda Alcide Saigh
44. Problemas de Linguagem — Maria Laura Wey Märtz
45. Desamparo — Lucianne Sant'Anna de Menezes
46. Transexualismo — Paulo Roberto Ceccarelli
47. Narcisismo e Vínculos — Lucía Barbero Fuks
48. Psicanálise da Família — Belinda Mandelbaum
49. Clínica do Trabalho — Soraya Rodrigues Martins
50. Transtornos de Pânico — Luciana Oliveira dos Santos
51. Escritos Metapsicológicos e Clínicos — Ana Maria Sigal
52. Famílias Monoparentais — Lisette Weissmann
53. Neurose e Não Neurose — Marion Minerbo
54. Amor e Fidelidade — Gisela Haddad
55. Acontecimento e Linguagem — Alcimar Alves de Souza Lima
56. Imitação — Paulo de Carvalho Ribeiro
57. O tempo, a escuta, o feminino — Silvia Leonor Alonso
58. Crise Pseudoepiléptica — Berta Hoffmann Azevedo
59. Violência e Masculinidade — Susana Muszkat
60. Entrevistas Preliminares em Psicanálise — Fernando José Barbosa Rocha
61. Ensaios Psicanalíticos — Flávio Carvalho Ferraz
62. Adicções — Decio Gurfinkel

Coleção Clínica Psicanalítica
Dirigida por Flávio Carvalho Ferraz

ESQUIZOFRENIA

Alexandra Sterian

Casa do Psicólogo®

© 2001, 2011 Casapsi Livraria e Editora Ltda.
É proibida a reprodução total ou parcial desta publicação, para qualquer finalidade,
sem autorização por escrito dos editores.

1ª Edição
2001

2ª Edição
2002

3ª Edição
2005

4ª Edição
2009

1ª Reimpressão
2011

Editores
Ingo Bernd Güntert e Juliana de Villemor A. Güntert

Assistentes Editoriais
Aparecida Ferraz da Silva e Luciana Vaz Cameira

Editoração Eletrônica
Sergio Gzeschnik

Produção Gráfica
Fabio Alves Melo

Preparação de Textos
Guilherme Laurito

Revisão
Lilian Regato Garrafa

Projeto Gráfico da Capa
Yvoty Macambira

Dados Internacionais de Catalogação na Publicação (CIP)
(Câmara Brasileira do Livro, SP, Brasil)

Sterian, Alexandra
    Esquizofrenia / Alexandra Sterian. -- São Paulo : Casa do Psicólogo®,
2011. -- (Coleção clínica psicanalítica / dirigida por Flávio Carvalho Ferraz)

    1ª reimpr. da 4. ed. de 2009.
    Bibliografia.
    ISBN 978-85-7396-134-8

    1. Esquizofrenia 2. Psicanálise 3. Psicoses 4. Psiquiatria I. Ferraz, Flávio
Carvalho. II. Título. III. Série.

	CDD-616.8982
10-12599	NLM-WM 203

Índices para catálogo sistemático:
1. Esquizofrenia : Psiquiatria : Medicina 616.8982

Impresso no Brasil
Printed in Brazil

*As opiniões expressas neste livro, bem como seu conteúdo, são de responsabilidade de seus autores,
não necessariamente correspondendo ao ponto de vista da editora.*

Reservados todos os direitos de publicação em língua portuguesa à

Casapsi Livraria e Editora Ltda.
Rua Simão Álvares, 1020
Pinheiros • CEP 05417-020
São Paulo/SP – Brasil
Tel. Fax: (11) 3034-3600
www.casadopsicologo.com.br

Sumário

Agradecimentos 9

Introdução 13

1 - A esquizofrenia na abordagem psiquiátrica 17
Um pedaço de conversa..17
Distúrbios do curso do pensamento.............................21
Distúrbios do conteúdo do pensamento e das percepções 24
Distúrbios da linguagem 29
Distúrbios da psicomotricidade 31
Distúrbios da vida afetiva 33

2 - Critérios diagnósticos para esquizofrenia do DSM IV.............37
Subtipos de esquizofrenia..39

3 - A origem do conceito de esquizofrenia 45
A história da loucura 45
O modelo contemporâneo de esquizofrenia....................51
Etimologia do termo "esquizofrenia" 53

4 - A psicanálise e a "doença mental".....................................55
O conceito de sintoma na psiquiatria...............................57
O conceito de sintoma na psicanálise 59
O determinismo psíquico..64
A história de Clara 65

COLEÇÃO "CLÍNICA PSICANALÍTICA"

5 - TEORIAS DAS PSICOSES NA OBRA DE FREUD 75
O conceito de conflito psíquico 75
A evolução da teoria freudiana das psicoses 79
O conceito de narcisismo 81
O conceito de rejeição da realidade 94

6 - TEORIAS PSICANALÍTICAS SOBRE A ESQUIZOFRENIA 103
Distúrbios do conteúdo do pensamento, na concepção
psicanalítica 110
Distúrbios do curso do pensamento, na concepção psicanalítica ... 112
Distúrbios da linguagem, na concepção psicanalítica 121
Distúrbios da vida afetiva, na concepção psicanalítica 134
Distinção clínica entre a melancolia e a esquizofrenia 144
Distúrbios da sensopercepção, na concepção psicanalítica 150
Algumas conclusões a respeito de Clara 165

7 - ALGUMAS CONTRIBUIÇÕES PSICANALÍTICAS PARA A CLÍNICA
DA ESQUIZOFRENIA 169
Melanie Klein 170

8 - ALGUMAS POSSIBILIDADES DE TRATAMENTO PSICANALÍTICO
DA ESQUIZOFRENIA 187

9 - CONCLUSÃO 199

REFERÊNCIAS BIBLIOGRÁFICAS 203

Agradecimentos

Devo à grande amiga Márcia de Mello Franco – psicanalista, professora dos cursos de Psicossomática e de Psicopatologia Psicanalítica e Clínica Contemporânea, ambos do Instituto Sedes Sapientiae – a possibilidade de apresentar à apreciação do leitor esse escrito sobre *Esquizofrenia*. Partiu dela a indicação de meu nome para a realização desse projeto. Não bastasse isso, ela ainda teve a paciência de discutir comigo, por longas e profícuas horas, minhas ideias com relação a esse tema. Leu, com todo rigor, cuidado e esmero possíveis, o primeiro esboço desse livro. Trouxe-me observações, correções e sugestões valiosíssimas. Por exiguidade de espaço, não tive a oportunidade de assinalar, ao longo do texto, todos os pontos nos quais o pensamento de Márcia se faz presente. Coloco aqui, portanto, minhas palavras de gratidão a todo seu empenho para que esse livro fosse escrito.

Obtive, também, a delicada e prestimosa leitura desse livro pela querida amiga Renata de Azevedo Caiaffa – psicanalista, professora do curso de Psicopatologia Psicanalítica e Clínica Contemporânea do Instituto Sedes Sapientiae. Agradeço a Renata pelas observações que me trouxe, particularmente no que concerne à teoria e à clínica psicanalítica das psicoses, campo no qual seu estudo e sua experiência profissional são extraordinários. Suas observações e as questões que levantou permitiram-me articular uma série de conceitos que, até então, estavam fragmentados em meu raciocínio. Não tenho como demarcar no texto tais questões. Deixo, então, registrada nessa página, minha gratidão.

Agradeço à Profª Dra. Edith Seligmann – Silva pela possibilidade que me ofereceu de ter meus primeiros contatos com pacientes em estado psicótico, na clínica que ela dirigia – A Vivenda – Residência Protegida – onde estagiei durante vários anos. Foi ela quem me convidou a realizar meus primeiros trabalhos como acompanhante terapêutica e, depois, como analista. Suas aulas, suas supervisões, seus ensinamentos sobre o respeito que se deve ter pelo paciente formaram a base de meu trabalho. Guardo-os como os bens mais preciosos de minha vida profissional.

Devoto gratidão, também, a Mario Pablo Fuks, a Eliane Berger, a Maria Beatriz da Costa Carvalho, a Nayra Cesaro Penha Ganhito que, junto com Márcia de Mello Franco e Renata de Azevedo Caiaffa, já citadas, constituíam o grupo de professores do curso "Psicoses: Concepções Teóricas e Estratégias Institucionais", do Instituto Sedes Sapientiae, com o qual trabalhei e discuti, ao longo de sete anos, questões concernentes às psicoses.

Agradeço a Clara pela sua generosidade em permitir que eu usasse seu historial clínico para publicação. Gostaria de ressaltar que ela participou ativamente de todo esse trabalho.

Não ofereceu apenas seu psiquismo como objeto de estudo para nós. Quando ficou ciente da elaboração desse livro, empenhou-se arduamente na elucidação de vários aspectos que haviam ficado "mal-entendidos" em sua história e trouxe observações muito pertinentes ao próprio texto.

Meus agradecimentos, também, a toda equipe que trabalhou comigo no "caso Clara": a Elisabeth Klasina Hajenius – psiquiatra e psicanalista, responsável pela medicação; a Suzana Ricco Panzoldo – psicanalista, que realizou a terapia familiar e ofereceu apoio terapêutico a Clara, durante as primeiras férias que tirei, no período em que trabalhei com ela e ao psicólogo que fez o acompanhamento terapêutico, que escolheu não ser identificado.

A série de pessoas às quais devo agradecer pelos meus conhecimentos e pela minha prática com pacientes em estado psicótico é imensa. Não caberia em um capítulo inteiro... Citei, portanto, apenas algumas que se fizeram mais constantes ao longo de minha vida profissional ou que influenciaram mais diretamente o presente escrito. Peço desculpas às outras. Elas não foram esquecidas. Espero poder nomeá-las em outras oportunidades...

Introdução

Quando Flávio Carvalho Ferraz me convidou para escrever um livro sobre esquizofrenia para a coleção "Clínica Psicanalítica", que estava organizando, pediu que sua leitura fosse acessível a profissionais que não tivessem, necessariamente, formação médica, psiquiátrica, psicanalítica ou prática clínica de longa data. O livro destinava-se a quem se interessasse por esse tema, independente de formação ou de experiência em relação a essa patologia. Árdua tarefa, essa que aceitei!...

Escrever sobre um tema tão complexo e controvertido já é difícil por si só. Fica, porém, mais complicado ainda quando o público ao qual se destina é tão heterogêneo. Isso implicou múltiplas tarefas. Cabia, primeiro, colocar as origens e os desdobramentos do conceito atual de esquizofrenia para aqueles que não estão familiarizados com ele. Precisava apresentar as terminologias psiquiátrica e psicanalítica relativas à esquizofrenia e localizá-la nas respectivas nosografias, para que profissionais de diferentes formações pudessem perceber as divergências e as correlações existentes entre esses dois campos de saber. Finalmente, deveríamos mostrar modelos de abordagem psicanalítica, para aqueles que se interessam em entrar em contato com algumas das possibilidades de intervenção da psicanálise nessa patologia.

Desde o início da exposição, tomei o cuidado, portanto, de fazer minhas explanações partindo do pressuposto de que o leitor não conhece nenhum desses enfoques: a história da construção do conceito de esquizofrenia, sua abordagem psiquiátrica e sua abordagem psicanalítica. Estou ciente do enfado que isso pode causar em um ou outro leitor já familiarizado com algum desses saberes. Para tentar atenuar esse enfado, fui entremeando, ao longo do texto, o relato do "caso Clara". Ele "ilustra" a teoria, deixando-a menos "árida".

Começo apresentando Clara ao leitor, da mesma forma como ela se apresentou a mim. Explico como a psiquiatria a veria, o que ressaltaria de sua anamnese, de sua observação clínica e de seu exame psíquico. Desse modo, uso o arsenal psiquiátrico para elaborar, seguindo seus princípios, uma hipótese diagnóstica. Esta serve para sabermos "em que chão estamos pisando".

Mostro sucintamente, a seguir, como a psiquiatria foi forjada, a relação que ela mantém com a medicina e as raízes da psicanálise, que nela se encontram.

Finalmente, exponho brevemente a construção do campo psicanalítico. Pretendo, por esse meio, localizar a maneira pela qual Freud foi criando, ao longo de sua obra, as bases da compreensão psicanalítica atual das psicoses e, mais especificamente, da esquizofrenia.

Usando o referencial psicanalítico, tento alcançar a gênese de alguns dos sintomas de Clara e exponho uma parte do trabalho que fizemos em sua análise. Optei por não abordar, nesse escrito, as intervenções efetuadas pelo restante da equipe terapêutica, que atuou comigo ao longo de uma parte de meu percurso com Clara. Isso implicaria a redação de mais um livro...

1.

A ESQUIZOFRENIA NA ABORDAGEM PSIQUIÁTRICA

Um pedaço de conversa...

– "Não sei bem como me sinto hoje... Acho que as alucinações estão desaparecendo... Agora, a vizinha parou de me chamar de 'frustrada' quando encontro com ela no corredor... As pessoas com quem cruzo na rua pararam de fazer sinais com a mão direita para eu me masturbar... Não sei por onde começar a falar, se conto as coisas que me perturbam ou se conto em ordem cronológica...", diz Clara.

– Conte da forma que você achar melhor, respondo sorrindo.

– "Porque está rindo de mim?" – pergunta-me Clara, com uma expressão de raiva estampada na voz e no rosto.

– Não estou rindo de você. Estou só olhando para você, atenta ao que você está me contando. Eu sorri para demonstrar cordialidade com relação a você e às coisas que você tem para me dizer.

(Clara fica me observando por algum tempo, antes de retomar sua fala).

– "As coisas estão melhor no trabalho. Minha chefe está me tratando melhor. Fiz uma série de coisas hoje: levantei os serviços que terão de ser feitos nos próximos dias; preparei uma agenda; paguei as contas da semana que vem...(pequeno silêncio). Estou preocupada com o Flávio. Os vizinhos estão dizendo que ele está saindo com outra pessoa".

– *Conte-me o que você ouviu.*

– "Caciferrou ficar com o velho".

– *Não entendi bem. Repita, por favor.*

– "Caci ferrou ficar com o velho".

– *Caci?*

– "Não conheço ninguém com este nome, mas, deve ser alguém do prédio".

– *Eu tinha entendido 'cacife'. Eu escutei você dizer: 'cacife errou ficar com o velho'.*

– "Será que estou dando muito cacife para o Flávio?"

– *Como assim?*

– "Deixando que ele me diga como devo me vestir; que ele escolha a hora de me ligar e de me ver e eu ter de ficar plantada em casa, esperando por ele..."

– *Você errou em dar tanto cacife ao Flávio?*

– "Acho que sim..."

– *Você costuma chamá-lo de 'Velho'?*

– "*Acho que ele morreria se me ouvisse chamando-o assim!...*" – *diz Clara, rindo. E completa: "Na frente dele eu nunca digo isto!".*

– *Fábio (ex-companheiro da paciente, que ela trocou por Flávio) é mais moço que você.*

– "*Ele é sete anos mais novo que eu. Flávio é dez anos mais velho que eu*".

– *Que quer dizer "ferrou"?*

– "*'Ferrou' significa decidiu, fincou pé*".

– *Esta palavra também poderia ter uma conotação sexual.*

– "*Não conheço*".

– *Pode significar penetração. (Silêncio longo)... No que pensou?*

– "*Estava pensando numa tia. Ninguém gostava dela na família. Era mal vista porque era liberada sexualmente. Diziam que ela deixava os homens pularem sua janela para transarem com ela. Eu gostava muito dessa tia. Era carinhosa comigo, me levava para passear, comprava presentes para mim*".

– *É irmã de sua mãe?*

– "*É. Ela ficou tão contente quando eu fui visitá-la. Apresentei meu filho a ela. Minha mãe dizia que ela nunca ia se dar bem na vida. Namorou muito. Daí ela conheceu um motorista de taxi pelo qual se apaixonou. Viveu com ele até ele morrer. Depois, ela prometeu que não se apaixonaria de novo por ninguém. Ficou sozinha desde então*".

– *Teria sido por isso que você saiu com um motorista de taxi?*

– "*Pode ser. Eu admirava muito esta tia*" *(silêncio)*. "*O Flávio não conseguiu se satisfazer da última vez que transamos*".

– *Ele teria cacife para procurar uma outra mulher com a qual ele pudesse se satisfazer?*

– "*Ele tinha bebido muito. Senti o cheiro de bebida nele. Deve ter bebido muito para que o cheiro ficasse tão forte!*"

– *E o seu velho?*

– "*Minha mãe dizia que sentia o cheiro de bebida nele. Eu nunca senti. Meu pai era muito bom comigo. Tomava as lições. Me fazia repetir muitas e muitas vezes, até eu decorar tudo. Sei, até hoje, todas as capitais do Brasil. As coisas que aprendi com ele, nunca mais esqueci...*"

– *Parece que você gostava muito de seu pai.*

– "*Nunca tinha pensado nisto antes!*"

Qualquer psiquiatra, ao ler este trecho de diálogo[1], não hesitaria em propor um diagnóstico de esquizofrenia para Clara. Esta hipótese é contemplada pela presença de sintomas

---

[1] Esse diálogo que, inicialmente, é confuso, entremeado de interrupções e de "malentendidos", vai se transformando em uma "conversa" esclarecedora com relação ao funcionamento psíquico e à história de vida de Clara. Acredito que isto ocorre em consequência ao fato de eu explicitar, por meio de minhas intervenções, que considero Clara um *sujeito*. Uso, aqui, o termo *sujeito* no sentido de um indivíduo, com direito a ideias, afetos e expressões próprias. Essa minha postura mostra-lhe que não a vejo como um mero *objeto* de observação fenomenológica, passível de ser rotulado, discriminado, menosprezado ou ridicularizado. Retomarei essas considerações mais adiante.

psicóticos: delírios e alucinações proeminentes (D.S.M. IV, Associação Psiquiátrica Americana, 1995).

A psiquiatria agrupa, sob o nome de "esquizofrenia", ao "conjunto das doenças mentais graves que provocam uma modificação profunda e duradoura da personalidade". Este grupo "compreende a maioria dos casos de alienação mental caracterizada por um processo de desagregação mental que pode ser chamado de 'demência precoce', de 'discordância intrapsíquica' ou, melhor ainda, de 'dissociação autista da personalidade'" (Ey *et al.*, 1981, p. 534).

O conceito de "desagregação mental"[2] ou "síndrome de dissociação" designa uma perda da coesão interna dos fenômenos psíquicos. Ela incide sobre o psiquismo todo e é mais caracteristicamente evidenciada na avaliação: do curso e do conteúdo do pensamento; da linguagem falada e escrita; das percepções; da psicomotricidade e da vida afetiva.

Distúrbios do curso do pensamento

O pensamento se apresenta "embaralhado", "desordenado", às vezes "lentificado", outras vezes "precipitado" e "prolixo" ou ainda "elíptico" e "descontínuo", ocorrendo em saltos ("descarrilamento"). Outro fenômeno observável é o "bloqueio

---

[2] As palavras colocadas entre aspas, nesse capítulo, referem-se à terminologia psiquiátrica usada para designar determinados fenômenos "observados" na "esquizofrenia".

do pensamento". Ele é quase patognomônico (diagnóstico) de esquizofrenia. A elocução se interrompe bruscamente, por alguns segundos. O pensamento fica como que suspenso. Depois, a conversação retorna ao tema precedente ou a um outro que aparece bruscamente, como se nada tivesse ocorrido (Ey *et al.*, 1981, p. 575).

> *Comecei a atender Clara em uma clínica, na qual eu trabalhava, quatro meses antes do fragmento de sessão transcrito acima. Ela vinha de três internações psiquiátricas consecutivas, num período de pouco mais de dois meses.*
>
> *Clara apresentava, no início, movimentos extremamente lentificados. Parecia precisar desenvolver um grande esforço até para mexer os olhos. Levava muito tempo para conseguir articular algumas palavras. Fiquei na dúvida se este quadro devia-se a uma "impregnação neuroléptica" (efeito de medicamentos antipsicóticos) ou à doença de Clara. Após vários dias sem ingerir esses remédios, ela continuou, no entanto, "devagar". Ficava, às vezes, tanto tempo em silêncio, após uma fala minha ("bloqueio do pensamento"), que eu me indagava se ela teria me ouvido. Depois, porém, ela respondia, frequentemente de forma reticente ou "tangencial". Olhava-me como se estivesse tentando avaliar minha confiabilidade ou, em outros momentos, como se estivesse olhando "através de mim".*

> – *Como você está se sentindo hoje?* – *perguntei, em uma de minhas primeiras conversas com Clara.*
> *Após vários minutos, ela respondeu:* – *"Por que você mandou tirar meus remédios?"*
> – *Porque eu estava na dúvida se aqueles remédios não estavam lhe deixando muito 'paradona'. Há quanto tempo você toma esta medicação? (Ela havia sido internada com a prescrição de Haloperidol 25 mg/dia, feita pelo psiquiatra que a acompanhara até então).*
> *Novo silêncio, dessa vez mais curto.*
> – *"O Dr. S. disse para eu tomar três injeções de Haldol".*
> – *Quando foi isso?*
> *Sempre com a fala "arrastada", parecendo precisar de um grande esforço para articular as palavras, disse:* – *"Quando fui ao consultório dele".*

A maior parte desse trecho de sessão mostra alterações do curso do pensamento. Evidenciam-se nele fenômenos de: "lentidão"; constantes "descarrilamentos"; "bloqueios" e "descontinuidades". Mas, ele também mostra alterações do conteúdo do pensamento.

Distúrbios do conteúdo do pensamento e das percepções

O pensamento, no esquizofrênico, conforme o descreve Henri Ey, em seu *Manual de psiquiatria*, mostra "alterações do sistema lógico, onde as leis da causalidade, identidade e contradições seguem os parâmetros de um pensamento regressivo, governado pelas exigências afetivas e pela necessidade de modificar o sistema da realidade. O pensamento esquizofrênico é 'arcaico', 'irreal'. É um pensamento mágico, que adota o animismo primitivo, sua impermeabilidade à experiência, sua adesão aos valores metafóricos e aos arquétipos simbólicos. [...]. É um pensamento 'paralógico', ao mesmo tempo simbólico e sincrético [por exemplo,] (um triângulo é identificado com uma hóstia, por 'causa' da Trindade). As abstrações deste pensamento [...] não são formas de pensamento lógico pelas quais chegamos a um conceito de uma realidade conhecida, mas refúgios, retiradas sistemáticas sem suporte objetivo" (p. 577).

A principal alteração do conteúdo do pensamento, que consiste no "núcleo da esquizofrenia", segundo esse autor, é a presença de delírios. "A esquizofrenia", diz ele, "é uma forma de existência delirante que comporta experiências delirantes primárias e uma elaboração autista ou secundária do Delírio na constituição do mundo autista" (p. 582).

Ey fala, aqui, em "experiência delirante", referindo-se não apenas à presença de delírios, mas, também, a alterações da sensopercepção (alucinações). A "vivência delirante primária" ou "estado delirante primordial" consiste, segundo ele, em uma alteração profunda da experiência sensível que não permite mais ao indivíduo relacionar-se aos sistemas anteriores de referências. Esta existência delirante é caótica, composta de ilusões (alterações perceptivas: *"todo mundo fica olhando para mim na rua"*), de interpretações delirantes (*"o porteiro do prédio não me cumprimenta porque sabe que eu fui internada", dizia Clara, nos primeiros dias após sua volta da clínica psiquiátrica*), de delírios (*"não digo o valor de meu salário às minhas colegas de trabalho porque ganho mais do que elas e vão querer me readaptar por isso"*), de alucinações (*"me chamam de 'puta'"; "dizem que Flávio está saindo com outra"*).

> *Clara passou meses ouvindo ser chamada de "puta; vadia; meretriz", tanto na rua quanto em casa e no trabalho. Isto se deu após um período em que ela teve relações sexuais com um motorista de táxi e com um colega da clínica psiquiátrica na qual tinha sido internada dois meses antes.*

As sensações cenestésicas[3] ficam alteradas e são vivenciadas como dores, transformações corporais, anomalias de percepções internas, toda uma série de modificações da

---

[3] *Cenestesia* refere-se ao conjunto de sensações internas que normalmente temos, como as térmicas, viscerais, respiratórias, circulatórias, etc.

experiência do corpo. Os pacientes se queixam de estarem transformados, metamorfoseados. Referem falta de órgãos internos (*"roubaram meu fígado"*), acréscimos de partes estranhas, colocadas em seu organismo (*"implantaram um transmissor em meu ouvido"*), mudanças em sua forma física (*"estão crescendo um útero e seios em mim"*, num homem)[4]. Esta é a chamada "síndrome de despersonalização", especialmente frequente e importante na evolução dessas psicoses.

Esta "experiência delirante primária", ensina-nos o *Manual* de Ey, provoca uma vivência de "estranheza", geralmente angustiante, às vezes aterrorizante, como o pressentimento de uma catástrofe iminente. Raramente ela é exultante como um dom mágico, uma capacidade maravilhosa de clarividência e de potência.

O "sentimento de estranheza" é devido ao caráter inefável da experiência, ao mesmo tempo sentida como uma perturbação. O indivíduo não consegue exprimi-la ou formulá-la. Trata-se de algo de misterioso ou de terrível. Ele se encontra *preso* a essa vivência, em geral, com uma consciência parcial da morbidade daquilo que experimenta. Às vezes, ele se defende não falando ou negando a angústia que experimenta. Daí a frequência das alusões que uma palavra ou uma atitude deixam perceber (*"está rindo de mim?"*; *"ele acendeu o cigarro na mesma hora que eu pensava em acender o meu, ele estava querendo me*

---

[4] Este tipo de percepção é relatado no "caso Schreber", estudado por Freud em 1911.

dizer algo com isso..."). Outras vezes, é um neologismo ou uma "atitude discordante" (um sorriso extemporâneo, injustificado, por exemplo) ou ainda um bloqueio, que traduzem o afloramento da experiência delirante (p. 583).

A "experiência de influência" é a forma de delírio mais frequente no esquizofrênico, segundo Ey. O doente é submetido a uma série de comunicações, de interrupções ou de "comandos do pensamento". Adivinham, roubam seu pensamento, impõem-lhe ideias. Fluidos, ondas, radares captam e coagem seu pensamento. Esta experiência está geralmente associada a um contexto mais ou menos rico de alucinações auditivo-verbais, sensitivas, psicomotoras. Quando ele passa perto de determinada pessoa ou objeto, o indivíduo sente um fluido ou ouve pronunciarem palavras.

> *"Sua frustrada", ouvia Clara, cada vez que ia jogar o lixo pelo alçapão do hall do elevador, no prédio em que mora. Não havia ninguém lá, mas, ela estava certa de que era a vizinha quem lhe falava, por trás da porta do apartamento ao lado do seu. Quando saiu desta crise, Clara descobriu que aquele apartamento estava desocupado há vários meses, desde antes de ela ouvir essa voz.*

O pensamento é repetido: "eco do pensamento". *"Você está ficando louca, Clara! Você está ficando louca, Clara!"* Ouvia Clara infinitas vezes, estando sozinha em seu apartamento.

Os gestos são comentados, enunciados por uma voz ("comentário de atos"). *"Não vou ao banheiro antes de sair de casa porque os vizinhos ficam dizendo que eu urino demais"*, explicou-me Clara, justificando o fato de ter chegado àquela sessão com as calças molhadas. O ônibus demorou mais do que de costume e ela não conseguiu *"se segurar até chegar ao meu consultório"*.

As palavras forçadas e as alucinações cenestésicas completam este quadro clássico do "automatismo mental" (Clérambault), que, na experiência esquizofrênica, está marcado por suas qualidades próprias ("abstrações", "metáforas", "neologismos", "distúrbios discordantes do pensamento") (Ey *et al.*, 1981, p. 583).

Essa "experiência delirante", até aqui descrita, ainda seguindo o mesmo *Manual de psiquiatria*, transforma-se, ao longo da evolução do processo, por meio da "elaboração autista" no "delírio em sua forma autenticamente esquizofrênica". Essa "vivência primária delirante" prolonga-se e é organizada em um "mundo autista": um mundo fechado a qualquer comunicação. De modo que, à medida que esta psicose se confirma e evolui, a constituição desse mundo delirante ou mundo próprio representa o núcleo da existência esquizofrênica. É um mundo próprio que tende a se fechar sobre si mesmo, impenetrável, alienado. Trata-se do assim chamado "período de estado" da esquizofrenia.

"Este delírio", explica Ey, "tem as seguintes características: só é exprimido através de uma linguagem abstrata e simbólica; é impossível penetrá-lo e reconstituí-lo pelo observador que deve, em geral, contentar-se em notar a incoerência[5]; utiliza formas de pensamento ou de conhecimento mágicos; é constituído por crenças e ideias que formam uma concepção hermética do mundo" (p. 584).

Esses são os distúrbios do pensamento que podem ser constatados tanto na linguagem falada quanto na escrita.

Distúrbios da linguagem

A conversação com o esquizofrênico, diz Ey (1981), pode chegar a ser impossível. São encontradas situações de "mutismo", "semimutismo" (o indivíduo "conversa" com um suposto interlocutor, em voz baixa) ou mutismo interrompido por impulsos verbais (injúrias, blasfêmias, obscenidades). Podem ocorrer, ainda, "pararrespostas" absurdas, desconcertantes, sem relação com a pergunta que lhe foi feita ou a conversa em curso.

> *"Sua idiota!" – era uma das expressões que Clara me contava ter vindo a sua cabeça no meio de alguma conversa nossa. Outras frases como: "sua vaca!" ou*

---

[5] Essa é a forma desse autor, e de muitos outros que seguem esse tipo de abordagem fenomenológica da "esquizofrenia", de entenderem essa patologia (como, por exemplo, Kaplan & Sadock, Fernández ou Warner & Girolamo). Pretendo mostrar, ao longo desse escrito, que existem outras abordagens, para as quais não apenas a "incoerência", que a psiquiatria clássica "contenta-se em notar", adquire um sentido. Os delírios, as alucinações e os demais "fenômenos produtivos" podem ser usados como instrumentos de cura no trabalho terapêutico.

"você não passa de uma vadia!" surgiam em sua mente enquanto conversava com colegas de trabalho. Quando isto acontecia, Clara ficava com medo de que as pessoas perto dela pudessem ouvir essas palavras que irrompiam em seu pensamento. Ficava, então, em silêncio, observando seus interlocutores, para saber o que eles tinham escutado.

"[Os distúrbios semânticos] são caracterizados pela alteração do sentido das palavras ou das figuras (tropos) do discurso. São observados sobretudo nos esquizofrênicos: notaremos os 'neologismos', as 'metáforas herméticas', os 'processos de obscurecimento' mais ou menos sistemáticos da linguagem (palavras truncadas, inversão ou fusão dos fonemas [*caciferrou*], palavras abstratas, palavras desviadas do seu sentido comum etc.). Às vezes, os doentes brincam com a gramática e a sintaxe ('interpretação filológica' de Pfersdorff). Assim, constitui-se a 'incoerência verbal' dos esquizofrênicos em relação à linguagem escrita e falada, mais ou menos simbólica, produto da distorção verbal operada pelo pensamento autista destes doentes. Esta 'alienação da linguagem' (Séglas) pode ir tão longe, em certas formas de esquizofasia, que a linguagem torna-se então indecifrável. Às vezes, os doentes criam verdadeiras línguas pessoais ('glossolalia')" (Ey *et al.*, 1981, p. 110).

A escrita, os desenhos e as produções gráficas mostram o mesmo tipo de alterações que as da linguagem oral. Através de todas essas formas de linguagem e de expressão, encontramos, novamente, a ilustração dos distúrbios do curso do pensamento e a alteração do conjunto dos sistemas de comunicação.

Citando Rosolato (1956), Ey afirma que a linguagem dos esquizofrênicos "se transforma em um 'simbolismo pessoal', reduzido ou proliferante, emanação de um mundo de imagens que o doente parafraseia sem exprimir, como acontece a nós todos quando da experiência do sonho. A diferença é que, aqui, a linguagem metafórica é a de um ser que não dorme ou que apenas está adormecido, mas que se desvia do mundo da realidade para voltar-se para um mundo imaginário" (p. 577).

A aproximação que Rosolato faz entre o sonho e a linguagem na esquizofrenia é similar à proposta por Freud, em sua *Interpretação dos sonhos*, de 1900. Retomarei essa questão nos capítulos 6 e 7.

Distúrbios da psicomotricidade

A "catatonia" é a mais grave alteração psicomotora que se pode encontrar na esquizofrenia. Pode chegar a dominar o quadro, constituindo-se na "forma catatônica da esquizofrenia". Expressa-se pela perda de iniciativa motora, por uma pobreza do movimento, por uma "rigidez cérea"[6].

---

[6] O conceito de *rigidez* (ou *flexibilidade*) cérea designa uma motricidade que apresenta a plasticidade da cera. A pessoa pode ficar horas imóvel, na posição em que é colocada, como uma estátua de cera.

Os gestos ficam lentificados, apenas esboçados ou mecânicos, como os de uma marionete. Podem aparecer movimentos de oscilação ininterrupta de membros ou de todo o corpo desses indivíduos ("estereotipias"). Às vezes, eles dão a impressão de um desajeitamento ou de excesso de movimento ("maneirismo"). A mímica pode ficar sem expressão ou apresentar expressões paradoxais, discordantes daquilo que se passa à volta deles.

> *Durante as primeiras semanas de meu contato com Clara, ela ficava absolutamente imóvel por longos períodos. Quando eu a convidava a sentar-se, aquiescia, mas, mantinha-se, a partir daí, na mesma posição. Não apresentava nenhuma expressão facial ou movimento corporal até eu voltar a dirigir-lhe a palavra. Mexia, então, lentamente, os olhos em minha direção. Chegamos a ficar longos períodos sentadas frente a frente, sem que Clara movesse um músculo ("rigidez cérea")*[7].

O "negativismo" é outro dos sintomas evidenciáveis na catatonia. Ele pode ser percebido, em seu início, por meio de pequenos sinais, como: rejeição ao aperto de mão; rigidez à aproximação de qualquer pessoa; hesitação em encarar o outro. A seguir, podem aparecer mutismo, fugas ou enclausuramento.

---

[7] Veremos, na análise de Clara, como esses episódios de *catatonia* estavam relacionados a repetidas vivências de ameaça a sua subjetividade.

E, finalmente, o negativismo pode desembocar em rejeição de alimentos e expressões de cólera.

Este quadro faz parte daquilo que Bleuler denominou sintomas "primários", que alteram a unidade e a coerência da consciência e da pessoa esquizofrênica. Junto com a síndrome de dissociação e com as alterações afetivas, ele forma o aspecto "negativo" da esquizofrenia, consequente à desestruturação da pessoa (que pode levar muitos anos, caso essa pessoa não seja tratada). O aspecto dito "positivo" constitui-se na produção delirante.

Distúrbios da vida afetiva

A principal manifestação das alterações da vida afetiva do esquizofrênico se expressa na "ambivalência", que ele demonstra em todas as suas relações sociais.

"A 'ambivalência'", diz Ey (1981), "consiste na experiência de um antagonismo simultâneo ou sucessivo de dois sentimentos, duas expressões, dois atos contraditórios: desejo-temor, amor-ódio, afirmação-negação etc. Os dois termos opostos são vivenciados conjuntamente e sentidos separadamente em uma espécie de justaposição ou de mistura inextricável" (p. 574).

É no círculo familiar que os distúrbios afetivos são mais evidentes. "Os pais são, ao mesmo tempo ou sucessivamente, indispensáveis e odiados". Explica Ey. "O doente, por exemplo, não pode afastar-se de sua mãe, porém, apenas lhe dirige palavras de ódio [...]. O pai está envolvido nas mesmas ambivalências: detestado e respeitado, é temido como um juiz e adorado como uma mãe. [...]. Desta forma, aos poucos, o esquizofrênico se encerra em um círculo de crenças, de desejos e de sentimentos intensos e irreais, em um inferno de relações ambíguas, frágeis e instáveis, que ele se esforça para destruir e recriar sem trégua".

"As 'manifestações emocionais' que exprimem este caos", acredita Ey, "são desconcertantes e, como se diz, 'imotivadas', pois elas brotam de uma camada afetiva impenetrável e secreta[8]. A motivação que nos leva a um sorriso ou a uma crise de lágrimas vai ao encontro e é reconhecida pelo semelhante, porém, no esquizofrênico esta motivação é estritamente interna de modo que seu sorriso ou suas lágrimas escapam ao nosso entendimento, a qualquer troca inter-humana" (p. 578 e 579).

Clara entra para sua terceira sessão daquela semana sem responder ao meu "Boa tarde!". Olha-me "feio", como se estivesse com raiva de mim. Pergunto-lhe o que aconteceu. Ela fica em silêncio por um bom tempo. Diz que não sabe porque está ali, que não deveria ter vindo. Diz que vai embora. Remexe-se aflita em sua poltrona, lançando-me olhares fulminantes de ódio. Perante minha

---

[8] É, justamente, essa "camada afetiva impenetrável e secreta" que a psicanálise visa, nas diversas propostas de compreensão e de tratamento que têm sido feitas nas últimas décadas. Retomarei essa questão na exposição da abordagem psicanalítica da "esquizofrenia".

falta de reação às suas falas e atos, pergunta-me porque estou rindo dela. Respondo que não estou rindo. Estou apenas prestando atenção a ela, tentando entender o que se passa com ela. Clara desata a dizer o quanto se sente explorada por mim. Além de ter de andar mais de uma hora de ônibus, tem de caminhar três quadras de sua casa até o ponto de ônibus e outras duas, do ponto em que salta, até chegar ao meu consultório. Acha um absurdo ter de fazer todo este esforço... e, ainda por cima, ter de pagar as consultas!!!

Vimos, até aqui, como os compêndios de psiquiatria agrupam sinais e sintomas através do exame psíquico para formular esta proposição diagnóstica da "esquizofrenia".

À parte disto, foram também criados manuais que propõem "critérios diagnósticos" para uma "confirmação" das doenças, a partir de determinados índices e características. Vejamos como funcionam.

2.

CRITÉRIOS DIAGNÓSTICOS PARA ESQUIZOFRENIA DO DSM IV

O *DSM IV* – *Manual diagnóstico e estatístico de transtornos mentais* (1995) –, propõe uma série de "critérios diagnósticos para esquizofrenia". Entre eles, os "sintomas característicos", que seriam: (1) os delírios; (2) as alucinações; (3) o discurso desorganizado; (4) o comportamento amplamente desorganizado ou catatônico e (5) os sintomas negativos, isto é: embotamento afetivo (restrições na amplitude e intensidade da expressão emocional); alogia (restrições na fluência e produtividade do pensamento; pobreza do discurso) ou avolição (restrições na iniciação de comportamentos dirigidos a um objetivo).

Dois (ou mais) desses sintomas, cada qual presente por uma porção significativa de tempo[1] durante o período de um mês (ou menos, se tratados com sucesso), fechariam o diagnóstico de esquizofrenia. Afirma, por outro lado, que apenas

---

[1] "Alguns sinais da perturbação devem persistir por um período contínuo de pelo menos 6 meses (critério C)" (Associação Psiquiátrica Americana, DSM IV, 1995, p. 267).

um desses sintomas é necessário se os delírios são bizarros ou as alucinações consistem de vozes que comentam o comportamento ou os pensamentos da pessoa, ou duas ou mais vozes conversando entre si (p. 274).

Em outro lugar, esse mesmo *Manual*, diz que "nenhum sintoma isolado é patognomônico de Esquizofrenia; o diagnóstico envolve o reconhecimento de uma constelação de sinais e sintomas associados com prejuízo no funcionamento ocupacional ou social" (p. 264).

> *Usando este referencial, já poderíamos confirmar que Clara é "esquizofrênica" pois ela tem alucinações auditivas que comentam sua vida afetiva há mais de seis meses. Acha que as pessoas, com as quais cruza pela rua, estão lhe transmitindo mensagens de cunho sexual, por meio de seus gestos. Interpreta outra de suas alucinações auditivas ("Caci ferrou ficar com o Velho") com o delírio de que seu namorado estaria escolhendo ficar com outra pessoa.*
>
> *Clara também ficou afastada de seu trabalho por vários meses, em diferentes momentos de sua vida, impossibilitada de executar suas atividades, tanto profissionais, quanto pessoais e domésticas. Ela me contou, após um desses períodos, que "acreditava estar melhor, pois já conseguia arrumar seu apartamento, tomar banho sem ninguém mandar e preparar alguma coisa para comer, além de macarrão na manteiga..."*

Esses são alguns dos outros índices usados pelo *DSM IV* para caracterizar a "esquizofrenia". Estão agrupados sob o nome de "disfunção social / ocupacional" (critério B). Essa se daria quando, "por uma porção significativa do tempo desde o início da perturbação, uma ou mais áreas importantes do funcionamento, tais como trabalho, relações interpessoais ou cuidados pessoais, estão acentuadamente abaixo do nível alcançado antes do início" (p. 274).

Acrescenta, a título de explicação destes critérios: "Podem ser notados problemas em qualquer forma de comportamento dirigido a um objetivo, acarretando dificuldades no desempenho de atividades da vida diária, tais como organizar as refeições ou manter a higiene" (p. 265).

Subtipos de esquizofrenia

Essa doença pode, ainda, ser classificada segundo "subtipos". Essa divisão baseia-se nas diferentes formas de apresentação clínica. Seu valor estaria na identificação de um melhor prognóstico para determinados tipos de esquizofrenia (Kaplan & Sadock, 1988). O *DSM IV* nomeia os tipos: "paranoide", "desorganizado", "catatônico", "indiferenciado" e "residual".

No "Tipo Paranoide", constata-se a "preocupação com um ou mais delírios ou alucinações auditivas frequentes e nenhum dos seguintes sintomas é proeminente: discurso desorganizado, comportamento desorganizado ou catatônico, ou afeto embotado ou inadequado" (p. 276).

Para caracterizar-se o "Tipo Desorganizado", anteriormente chamado de "Hebefrênico", os sintomas proeminentes são: discurso e comportamento desorganizados e afeto embotado ou inadequado. Os critérios para "Tipo Catatônico" não devem ser satisfeitos (p. 277).

No "Tipo Catatônico", o quadro clínico deve estar dominado por pelo menos dois dos seguintes sintomas: (1) imobilidade motora evidenciada por cataplexia[2] (incluindo flexibilidade cérea ou estupor); (2) atividade motora excessiva (aparentemente desprovida de propósito e não influenciada por estímulos externos); (3) extremo negativismo (uma resistência, aparentemente sem motivo, a toda e qualquer instrução; manutenção de uma postura rígida que resiste às tentativas de mobilização ou mutismo; (4) peculiaridades do movimento voluntário evidenciadas por posturas (adoção voluntária de posturas inadequadas ou bizarras, movimentos estereotipados, maneirismos proeminentes ou trejeitos faciais proeminentes) e (5) ecolalia[3] ou ecopraxia[4] (p. 278).

---

[2] *Cataplexia* é uma crise passageira de extrema fraqueza muscular, provocada por estados emocionais.

[3] *Ecolalia* refere-se à tendência a repetir automaticamente sons ou palavras.

[4] *Ecopraxia* é a tendência a repetir automaticamente atitudes ou gestos.

O "Tipo Indiferenciado" contempla os critérios diagnósticos gerais para esquizofrenia, mas não satisfaz os critérios para os Tipos Paranoide, Desorganizado ou Catatônico (p. 278).

Clara apresentou, ao longo de sua história, vários delírios paranoides muito bem sistematizados. Sentiu-se, frequentemente, perseguida por vizinhos ou por colegas de trabalho. Achava que as pessoas que trabalhavam com ela invejavam seu salário, que era muito maior por ela ser a única funcionária de nível superior em sua seção. Escondia cuidadosamente seu contracheque e nunca dava mostras de possuir mais bens do que as colegas. Vestia-se de forma extremamente simples. Evitava contar que fizera alguma viagem durante suas férias ou que possuía um carro (que comprou já com seis anos de uso e cujo modelo era o mais barato existente no mercado). Ficava apavorada ao pagar um táxi com cheque. O motorista poderia identificar seu local de trabalho, por meio do número de telefone que ela colocava no verso do cheque e ir lá contar que ela tomava táxi.

Durante um de seus surtos, a irmã internou Clara em uma casa de repouso para idosos. À noite, ela via "as enfermeiras colocando capacetes nos velhinhos, provavelmente para executá-los, enquanto dormiam. Ela teve certeza de que este também seria o seu destino. A irmã a pusera lá para que ela fosse exterminada". Em outro episódio agudo, ela "sabia que os carros estacionados em frente ao seu prédio eram de agentes do SNI[5] (muitos anos depois desse serviço ter sido extinto). Vinham observá-la por causa de suas ideias socialistas". Clara tentava, geralmente, sair pela garagem ou pelos fundos de seu edifício "para despistá-los". Conseguiam localizá-la e seguiam-na pela rua, mesmo assim, não adiantava entrar em lojas ou esconder-se em banheiros públicos. Eles sempre sabiam onde encontrá-la". Clara teve períodos de "catatonia", porém, eles não "dominavam o quadro". Parte de sua "rigidez" era decorrente da medicação que ingeria na época e outra parte era "proposital". Aquilo que, de início, apresentava-se como um negativismo mostrou, no decurso de nosso trabalho, ser uma forma que Clara usava para "esconder" seus delírios. À medida que passou a confiar em mim, foi verbalizando seus temores, sempre referidos a ideias persecutórias. Já tinha sido internada várias vezes e sabia que um dos critérios médicos para "soltá-la" era a ausência de delírios em seu discurso... Portanto, evitava falar, para não "se denunciar"!

Baseando-nos nesta proposta de classificação por subtipos, poderíamos "enquadrar" Clara na esquizofrenia tipo paranoide.

A esquizofrenia tipo paranoide caracteriza-se pela presença proeminente de delírios ou alucinações (principalmente

---

[5] Serviço Nacional de Informações, que fazia coleta de informações para subsidiar o controle e a repressão de atividades comunistas no Brasil, no período de 1964 a 1988.

auditivas) de cunho persecutório ou megalomaníaco. Os delírios podem ser múltiplos ou são organizados em torno de um tema coerente. As alucinações também estão relacionadas ao conteúdo do tema delirante. O início deste subtipo tende a ser mais tardio do que em outros subtipos de esquizofrenia. Os pacientes, geralmente, encontram-se no final de sua segunda ou em sua terceira década de vida. Seu prognóstico também é melhor em comparação aos demais tipos.

Clara teve sua primeira internação psiquiátrica aos trinta e dois anos de idade. Relata, no entanto, que foi "esquisita" desde a infância. Não tinha amigos. Não conversava com ninguém. Seus colegas de escola e até seus professores debochavam dela.

Quando Clara tinha dez anos de idade, seu pai faleceu subitamente. Com isso, o padrão econômico da família caiu muito. Sua mãe precisou ir trabalhar para garantir a subsistência das filhas. Clara foi mandada passar um ano na casa de uma tia, no interior. Foi neste momento que ela se propôs a "ser normal". Estava cansada de "ser diferente".

Conseguiu, desta forma, fazer amigos e ter namorados. Formou-se na Faculdade, trabalhando durante o dia para pagar os próprios estudos. Aos vinte e cinco anos de idade, casou-se e teve um filho. Nesta época, ainda cuidava da mãe doente, com câncer, que trouxe para morar consigo.

A partir dos dados até aqui expostos, não devem restar dúvidas a respeito do diagnóstico proposto para Clara. Como a psiquiatria chegou, então, a formular o conceito de esquizofrenia? A serviço do que ele foi criado? De que forma ele pode ser usado?

3.

A ORIGEM DO CONCEITO DE ESQUIZOFRENIA

A história da loucura

Michel Foucault, em sua pesquisa sobre a *História da loucura*, descobriu que foi em uma época relativamente recente que o Ocidente concedeu à loucura um estatuto de doença mental.

O louco era considerado, até o advento da medicina positivista, como um "possuído", um doente ignorado, preso no interior da rede rigorosa de significações religiosas e mágicas.

De fato, desde a medicina grega, uma certa parte da loucura já estava tomada pela noção de patologia e pelas práticas que a ela se relacionam. Sempre houve, no Ocidente, curas médicas da loucura. A maioria dos hospitais da Idade Média tinham leitos reservados aos loucos (espécies de jaulas para conter os furiosos), limitados aos que se considerava curáveis: frenesi, episódios de violência, acessos melancólicos.

Mas a loucura essencialmente circulava, fazia parte da linguagem e do cenário comum. Era uma experiência quotidiana, que mais se procurava exaltar do que dominar. Havia, na França, no começo de século XVII, loucos célebres, com os quais o público culto gostava de se divertir. Até cerca de 1650, a cultura ocidental foi estranhamente hospitaleira a estas formas de experiência (Foucault, 1991).

Nessa época, nos conta Szasz, que estudou a *Fabricação da loucura*, começava o declínio do poder da Igreja e, consequentemente, de suas formas de controle social. A ordenação da sociedade, que vigorou por milênios no Ocidente, propunha o Governo/Igreja como representante divino na Terra. Seus atos eram, portanto, inquestionáveis.

As Cruzadas, no entanto, possibilitaram o contato com outras culturas e outras formas de organização social. Imbricou-se a isso a evolução do "contrato feudal"[1] e os crescimentos do mercantilismo e de uma classe média. Esse movimento de reordenação social propiciou a abertura para um questionamento sobre a autoridade clerical.

A reação das classes dominantes a essas discussões, que começavam a se esboçar no início da Idade Média, foi a Inquisição. Atribuindo aos "hereges" – os judeus e as "bruxas" – a culpa pelos males que assolavam a civilização (mortes, pragas, epidemias, catástrofes ambientais...) os detentores do poder

---

[1] No século XII, instalou-se uma nova forma de organização social por meio do contrato feudal, que impunha uma reciprocidade de obrigações entre o senhor e o vassalo (Szasz, 1987a, p. 33).

corporizavam os agentes do "mal". Os poderosos obtinham dessa forma vários benefícios. Conseguiam uma punição imediata, por meio da eliminação concreta dessas pessoas (fogueira para as "bruxas" e exílio ou morte para os judeus). Reafirmava-se, assim, a força e a eficácia da Igreja. A Inquisição propiciava, também, a usurpação dos bens materiais desses indivíduos. Reforçava, com isso, os cofres dos inquisidores, de seus cúmplices e de seus mandantes. E, finalmente, desviava das classes dominantes as críticas e a culpabilidade pela pobreza, pelo descaso e pela escravidão em que o povo vivia.

Foi dessa maneira que, por mais de quatro séculos, a Igreja manteve o poder e o controle social e econômico. O começo da industrialização, a crise econômica e as epidemias que assolaram toda Europa na Idade Média, foram, porém, solapando esse poder. Puseram em dúvida sua autoridade e sua eficácia em proteger seus súditos. As pessoas foram trocando, aos poucos, a visão dos fatos apoiada na perspectiva teológica pela interpretação "científica" dos eventos naturais da vida. Teorias biológicas, físicas e químicas, que vinham sendo consideradas heréticas e levavam seus mentores para a fogueira, foram sendo assimiladas. Passaram a ocupar, na cultura ocidental, o lugar das antigas explicações religiosas dos fenômenos da vida. Isso abriu o campo para o desenvolvimento das ciências, como as concebemos atualmente.

A medicina, em geral, teve aí um grande empuxo. Os médicos que, até então, precisavam fazer difíceis e perigosos diagnósticos diferenciais entre as "verdadeiras doenças" e as "doenças causadas por bruxaria" puderam passar a se dedicar mais livremente[2] à busca das origens infecciosas, orgânicas e anatômicas dos males que acometiam seus pacientes. As "doenças" cuja causa não se conseguiu atribuir a um agente infeccioso ou a uma lesão física tornaram-se as herdeiras das possessões demoníacas da Idade Média. Passaram a ser enclausuradas e seus "portadores" excluídos do convívio social. O ramo da medicina que se dispôs a cuidar delas foi chamado de psiquiatria (Szasz, 1978a).

Nos meados do século XVII, em toda Europa, existiam estabelecimentos para internação dos loucos, junto com os inválidos pobres, os velhos na miséria, os mendigos obstinados, os desempregados, os portadores de doenças venéreas e libertinos de toda espécie. Em suma, todos aqueles que não se adaptavam à ordem da razão, da moral e da sociedade da época.

Essa forma de exclusão, através da internação, que agrupava, com os loucos, os portadores de doenças venéreas, os libertinos e muitos criminosos, provocou uma espécie de assimilação. A loucura estabeleceu, com as culpas morais e sociais, um parentesco que ainda se mantém nos dias de hoje, em paralelo a sua filiação à bruxaria.

Essas casas, do século XVII, não tinham vocação médica alguma. Não se internava para se tratar, mas para se excluir da sociedade. O gerenciamento dessas instituições era feito por

---

[2] Sem temerem ser acusados de "bruxos" por estudar a anatomia, dissecando cadáveres, e por fazer experimentos em animais e em seres humanos.

religiosos. Os médicos só entravam para manter algumas condições sanitárias, para que o mal não se espalhasse por cidades vizinhas.

Nesses hospitais, o trabalho era forçado e seu produto lançado no mercado a preços baixos para que o lucro permitisse à instituição manter-se funcionando. A ociosidade passou a ser encarada como pecado e o capital como primordial.

A partir da metade do século XVIII, com o início da ascensão da burguesia, começaram a se fazer críticas às fundamentações econômicas da forma tradicional de assistência, aos sequestros arbitrários e ao valor correcional que adquiriram esses estabelecimentos.

Em consequência disso, no Renascimento, abriram-se os primeiros hospitais reservados aos loucos, inicialmente na Espanha e depois na Itália.

A Revolução Francesa, em 1789, queria suprimir a hospitalização como "símbolo da antiga opressão". Liberam dos hospitais todos os "não loucos". A partir daí, a internação passou a adquirir o sentido de intervenção médica.

Com Pinel, na França; Tuke, na Inglaterra; Wagnitz e Riel, na Alemanha inaugurou-se um humanismo e uma ciência positivista, tanto na psiquiatria, quanto na medicina.

Criava-se um critério de verdade para a doença: "sem lesão, não há doença". O paradigma da organização da medicina passava a ser visual. Positivar, observar a lesão orgânica. Traçar uma correlação entre causa e efeito: sintoma e doença.

Começava-se a observar as enfermidades. Surgiram as grandes classificações de sintomas e de síndromes. As doenças eram suas manifestações sintomáticas. Isso definia a moléstia a partir do desvio qualitativo da norma. Formava-se, desde então, a noção de normalidade sobre uma média estatística. Não se trataria mais de doença ou saúde, mas de normal ou patológico.

Para as "doenças" cuja lesão não se conseguia detectar, pressupunha-se uma causa orgânica que viria a ser evidenciada com o avanço das pesquisas e da tecnologia médica. O paradigma que sustentou essa hipótese foi o da neurossífilis. Esta enfermidade causava sintomas neurológicos e distúrbios do comportamento e seu agente etiológico ficou desconhecido até meados do século XIX. Apoiados neste modelo, começou-se a agrupar os sintomas em síndromes, cuja etiologia estaria prestes a ser desvendada mas, com certeza, estaria em lesões orgânicas e, muito provavelmente, neurológicas (Szasz, 1978b).

Surgiram, então, as primeiras classificações de "doenças mentais". A loucura recebia o estatuto de patologia sem uma localização orgânica da lesão. O mal estaria em um desvio do ideal de sociabilidade, em falhas na vontade e desvios nos instintos. O tratamento consistiria, portanto, em reintegrar o indivíduo dentro das normas sociais, moralizar sua vontade, regular seus instintos.

A proposta era de reconstruir, em torno do louco, uma "quase família", onde ele deveria "sentir-se em casa". Para isso, ele era submetido a um controle social e moral ininterrupto. A cura implicava reinculcar-lhe os sentimentos de dependência, de humildade e de culpa. Tinha que reconhecer e aceitar a armadura moral da vida familiar. Utilizavam-se métodos como ameaças, castigos, privações alimentares e humilhações para infantilizar e culpabilizar o louco.

O médico era responsável por um controle ético, mais do que por uma intervenção terapêutica. Era o agente das sínteses morais.

Foi a partir daí que a loucura deixou de ser reconhecida como um fenômeno patológico referido ao homem na sua "totalidade" corpo/espírito (como faziam a medicina árabe, a medicina da Idade Média e mesmo a medicina pós-cartesiana). Ela passou a ser considerada como um fato relativo à alma humana, inscrevendo-se numa interioridade e recebendo, com isso, "status, estrutura e significação psicológicos" (Foucault, 1991, p. 83). Inaugurou-se o discurso da doença mental, ligado a todo um conjunto de práticas: "organização da rede médica, sistema de detecção e profilaxia, forma de assistência, distribuição dos cuidados, critérios de cura, definição da incapacidade civil do doente e de sua irresponsabilidade penal; em resumo, todo um conjunto que define, numa cultura dada, a vida concreta do louco" (*Op. cit.*, p. 90 e 91).

O modelo contemporâneo de esquizofrenia

Chegamos, assim, ao modelo contemporâneo da esquizofrenia. "Os doentes que englobamos atualmente neste grupo", conta Ey, "representam os 'alienados' que, inicialmente, chocavam por sua estranheza, suas bizarrias e pela evolução progressiva de seus distúrbios para um estado de embotamento, de entorpecimento e de incoerência. Estes doentes chamavam a atenção dos clínicos desde há muito tempo, pois, entre todos aqueles que enchiam os asilos do século XIX, existia um ar familiar. Morel, na Franca, descreveu alguns dentre eles 'afetados por estupidez desde a juventude' sob o nome de 'dementes precoces'; na Alemanha, Hecker designou sua doença como hebefrenia (estado demencial das pessoas jovens) e Kalhbaum, interessando-se sobretudo pelos distúrbios psicomotores (inércia, flexibilidade cérea, catalepsia, hipercinesia, patetismo das expressões, maneirismo), os descrevia como afetados de catatonia. De 1890 a 1907, E. Kraepelin (nas edições sucessivas de seu célebre *Tratado das doenças mentais*, no qual se esforçava por descrever entidades nosográficas precisas) agrupou todos estes casos sob o nome de '*Dementia precox*'. Para Kraepelin, esta demência precoce seria uma espécie de loucura caracterizada por sua evolução progressiva para um estado de debilitamento psíquico (*Verblödung*) e pelos distúrbios profundos da afetividade (indiferença, apatia, sentimentos paradoxais). Distinguia nesta 'demência precoce' três formas clínicas: uma forma simples, a hebefrenia; uma forma catatônica ou hebefrenocatatônica e uma forma paranoide, definida pela importância das ideias delirantes mais ou menos extravagantes e emaranhadas. Todos os pesquisadores desta época [...] observaram que, nestes casos, tratava-se menos de 'demência' (no sentido de debilitação intelectual global, progressiva e irreversível) do que de uma 'dissociação' da vida psíquica que perde sua unidade, de uma espécie de 'desagregação da persor alidade'" (Ey *et al.*, 1981, p. 534 e 535).

Etimologia do termo "esquizofrenia"

"Esquizofrenia" é uma palavra composta de dois termos de origem grega: "*skhizein*", que significa fender, rasgar, dividir, separar e "phrên", "phrênos", que quer dizer pensamento. Esse vocábulo foi cunhado em 1906 por Bleuler, que também via na dissociação a característica principal desta "doença". Ele privilegiava, portanto, não o formato, mas o conteúdo da afecção.

Essa nova forma de compreensão, que acrescentava a dimensão da psicologia dinâmica à observação puramente descritiva da fenomenologia até então vigente (Pereira, 2000), foi rapidamente aceita e assimilada no meio médico. Por outro lado, a ampliação do conceito dessa "enfermidade" permitiu um uso quase ilimitado desse "diagnóstico". Para Bleuler, todos os doentes mentais, exceto os maníaco-depressivos, os neuróticos, os epilépticos e os "orgânicos", entravam no grupo das esquizofrenias. Ele acreditava que estes doentes não são dementes, mas sim afetados por um processo que causa "afrouxamento das associações", "autismo" e "ambivalência" (os três "As": sinais "primários" da dissociação esquizofrênica). "Suas ideias e sentimentos são – como no sonho – a *expressão simbó-lica dos complexos inconscientes*[*3] (sinais 'secundários')" (Ey *et al.*, 1981, p. 535).

Esse modo de entender a esquizofrenia mostra a influência do pensamento de Freud. A delimitação da noção de **inconsciente**[4] para a compreensão do psiquismo humano foi o marco fundador da psicanálise e o conceito de **complexo** perpassa toda sua teoria. Vejamos, então, como essa nova concepção do psiquismo passou a ser integrada aos pressupostos até então vigentes sobre essa "doença".

---

[*] Este grifo é meu.

[3] A apropriação de uma parte da terminologia psicanalítica pela psiquiatria não foi acompanhada, em muitos momentos, pela precisão ou pela especificidade às quais esses conceitos remetem. No trecho aqui citado, por exemplo, a correlação entre a "expressão simbólica dos complexos inconscientes" e os "sinais secundários" da esquizofrenia apontam para uma compreensão dessa doença a partir do primeiro modelo freudiano de aparelho psíquico. O que a psicanálise descobriu foi que, na esquizofrenia, são, justamente, falhas na capacidade de simbolização que acarretam a produção de alguns de seus sintomas. Voltarei a essas questões nos próximos capítulos.

[4] Os termos apresentados em negrito referem-se a conceitos psicanalíticos.

4.

A PSICANÁLISE E A "DOENÇA MENTAL"

Como vimos no capítulo anterior, a experiência da desrazão foi sendo progressivamente silenciada e desapropriada de sua verdade. Houve uma construção histórica de sucessivas identidades da desrazão com a magia, a loucura, a doença e, finalmente, com a doença mental.

No final do século XIX, a psicanálise trouxe uma nova forma de abordagem da doença mental. Começando com a hipnose, passando pelo método catártico, a técnica de Freud evoluiu para a "livre associação", onde o lugar da fala e o da escuta eram privilegiados, possibilitando a produção de novos sentidos, conhecimentos e intervenções (Santa Cruz, 1992).

Quando Freud se dispôs a ouvir seus pacientes, ele restituiu à loucura seu poder de fala. Ele acreditava numa verdade existente na loucura, a verdade daquele sujeito.

Propôs-se, então, a ouvir seus pacientes, não apenas a observá-los, controlá-los ou readaptá-los. Isso eliminou o cunho moral, religioso e excludente da "desrazão".

Com suas formulações sobre a *Psicopatologia da vida quotidiana*, suas descobertas sobre o inconsciente e sobre as pulsões,

Freud reincorporou a loucura à ordem da subjetividade humana e tornou mais tênue a linha que, até então, separava o "normal" do "patológico". Seus estudos sobre os sonhos, os lapsos, os sintomas e os chistes nos mostraram algumas das expressões da "loucura" que existem em todos nós. Pelas postulações de Freud, não há normas, mas singularidades (Souza, 1992).

A psiquiatria foi incorporando esse modo de entender a loucura, investida pela psicanálise como uma verdade, à medida que lhe foi devolvido o poder de falar e porque um discurso teórico conseguia articular a compreensão de sua insensatez.

O resultado dessa assimilação encontra-se explicitado na descrição das características da "esquizofrenia", apresentada nos primeiros capítulos do presente escrito. Vimos ali como os fenômenos observados a partir do referencial psiquiátrico são explicados, em muitos momentos, por meio de conceitos psicanalíticos, como os de **inconsciente, complexo, regressão,** entre outros.

Por outro lado, existe, na obra de Freud, "uma nosografia implícita, perfeitamente coerente, cujo objeto é a estruturação do campo analítico, mais precisamente da clínica analítica. Esta nosografia utiliza a terminologia psiquiátrica e prolonga a observação psiquiátrica" (Green, 1969).

Vista a existência dessa dupla incorporação entre psiquiatria e psicanálise, ficam-nos várias questões quanto ao seu efeito sobre a prática clínica. Que benefícios trouxe para o bem-estar psíquico do ser humano? Mais especificamente, no que diz respeito ao tema do presente estudo, que avanços foram alcançados no tratamento da "esquizofrenia"? O que propõem a psiquiatria e a psicanálise contemporâneas neste sentido?

Tentarei responder a essas perguntas seguindo o caminho de Freud, em sua passagem de uma abordagem médica para uma compreensão psicanalítica do sintoma. Procurarei ilustrar esse percurso com o relato das elaborações tecidas ao longo de meu trabalho com Clara.

O conceito de sintoma na psiquiatria

A psiquiatria supõe uma base orgânica, ainda em fase de pesquisa, para as doenças mentais. A intervenção terapêutica, decorrente dessa teoria, leva a propostas de tratamentos orgânicos. Propiciam-se alterações na fisiologia e na bioquímica neurológica por meio da administração de drogas neurotrópicas, supondo-se a correção de possíveis deficiências dessas funções, nas pessoas portadoras de "doença mental". Em breve, possivelmente, também teremos a oferta de formas de intervenção genética nos indivíduos classificados como "esquizofrênicos". Notícia recente (Folha de S. Paulo, 22 de outubro de 2000), anuncia que "laboratórios identificam gene ligado à esquizofrenia". Ela afirma que "cientistas na Islândia identificaram um gene ligado à esquizofrenia, após uma varredura genética em portadores da doença naquele país. O anúncio foi feito sexta-feira pela multinacional farmacêutica suíça Roche e pela empresa islandesa deCODE Genetics".

Esse tipo de estudo nos prenuncia que, ao serem detectados os genes ligados ao desenvolvimento de alguma "doença mental", teremos a possibilidade de preveni-la ou até de eliminá-la.

Mesmo descobertos os genes propiciadores de algum distúrbio mental, isso não significa, entretanto, que sua cura esteja, automaticamente, garantida. Faltam muitas pesquisas para entendermos todo o processo de desenvolvimento das patologias psíquicas. Partindo do diagnóstico dos fatores genéticos em jogo, passando pelos motivos para que estes genes sejam "ativados", até a forma com que cada indivíduo irá responder a essa "ativação", temos um longo caminho pela frente.

Não descarto, nem renego, portanto, a utilidade e a eficácia dos tratamentos biológicos. Acredito que eles devem ser utilizados de forma complementar. Quando usados adequada e criteriosamente, só tendem a somar resultados em benefício daqueles que nos demandam ajuda em seus sofrimentos. Esses, porém, não têm como esperar pelos avanços da ciência para se aliviarem daquilo que os incomoda hoje[1].

Enquanto não alcançamos todo esse conhecimento que as pesquisas científicas nos prometem, dedico as próximas páginas a apresentar os conceitos e os instrumentos que a psicanálise oferece, no presente, para o tratamento da esquizofrenia.

---

[1] Onze anos se passaram, desde a primeira edição do presente livro, e nada mudou no que concerne à influência das descobertas em genética da esquizofrenia sobre seu tratamento. Já se correlaciona uma série de genes ao risco de adquirir a doença. Nenhuma dessas pesquisas prenuncia, porém, um "tratamento genético" desse "mal".

O conceito de sintoma na psicanálise

Desde o início de suas pesquisas, Freud já acreditava na possibilidade de elucidação da causalidade das perturbações psíquicas por meio da investigação psicanalítica, mesmo que ainda não se convencesse de que a psicanálise poderia oferecer tratamento e cura para as psicoses.

"Noutra perturbação neurótica, a demência precoce (parafrenia ou esquizofrenia), condição na realidade incurável, o paciente fica, nos casos mais graves, num estado evidente de completa apatia. Com frequência, as únicas ações que lhe restam são certos movimentos e gestos monotonamente repetidos e que têm o nome de 'estereotipias'. Uma investigação analítica desse tipo de resíduos, feita por Jung, demonstrou constituírem os remanescentes de ações miméticas perfeitamente significativas, as quais, em certa época, expressaram os desejos dominantes do indivíduo. Os discursos mais loucos e as mais estranhas posturas e atitudes adotadas por esses pacientes tornam-se inteligíveis e podem ser encaixadas na cadeia de seus processos mentais, se forem abordados com base em hipóteses psicanalíticas.", pensa Freud. E deduz: "Considerações similares aplicam-se aos delírios e às alucinações, bem como aos sistemas delirantes, apresentados por diversos pacientes psicóticos. Onde até então parecia prevalecer apenas o mais aberrante capricho, a pesquisa psicanalítica introduziu regras, ordem e conexão, ou pelo menos nos permitiu suspeitar de sua presença nas investigações que ainda se acham incompletas" (Freud, 1913c).

A "descoberta" do inconsciente foi o marco diferencial da psiquiatria e fundador da psicanálise. Freud acreditava que a vida psíquica estava "inteiramente cheia de *pensamentos eficientes, embora inconscientes*, e que era destes que emanavam os sintomas"[2] (Freud, 1912 *apud* Laplanche & Pontalis, 1986, p. 307). A proposta de intervenção terapêutica consequente a essa hipótese de origem dos sintomas psíquicos corresponde à pesquisa e tratamento desses pensamentos eficientes inconscientes.

Seguindo esta teoria, vamos ouvir Clara, na tentativa de entender o motivo daquela internação psiquiátrica, momento no qual a encontrei pela primeira vez.

> *"– Filipa acha que estou assim por causa do Flávio"*
> *– conta-me Clara em uma daquelas nossas primeiras conversas a "saca-rolhas" (forma pela qual eu apelidei esse tipo de diálogo entremeado de silêncios).*
> *– Por que ela pensa isso?*
> *– "Ela não gosta do Flávio".*
> *– Quem é Flávio?*
> *– "Meu namorado".*
> *– Por que ela não gosta dele?*
> *(Longo silêncio)*

---

[2] Os grifos nesta citação são meus.

– *Se eu lhe contar uma coisa, você não conta para minha irmã?*

– *Eu prometo.*

– *"Minha menstruação atrasou".*

– *Quanto tempo sua menstruação está atrasada?*

– *"Agora já desceu".*

– *Você ficou preocupada porque sua menstruação estava atrasada e isso poderia ter a ver com o Flávio.*

(Longo silêncio)

– *"Fui conversar com ele e ele brigou comigo".*

– *O que foi que ele falou?*

– *"Ele disse que não tinha nada a ver com isto... Que, se eu estava grávida, era de outro! Eu nunca traí o Flávio. Não sei como ele pôde pensar uma coisa dessas de mim!"*

– *E o que foi que você respondeu?*

– *"Saí chorando de lá. Tentei falar com ele por telefone depois, mas ele disse que queria 'dar um tempo'".*

– *Você está com isso 'engasgado' aí dentro desde quando?*

– *Foi em Março. Tinha ido sozinha fazer o teste e deu 'positivo'. Depois que briguei com Flávio, fui fazer outro teste, em outro laboratório, e deu 'negativo'. Fui no convênio brigar. Falei para eles que isso era muito errado, esse negócio de fazer uma pessoa acreditar que está grávida e depois não estar... Pode prejudicar muito a vida das pessoas..."*

– *Essa raiva toda não é só do laboratório, não é mesmo?*

– "*Estou internada aqui já faz duas semanas. Minha irmã diz que se Flávio gostasse de mim, teria vindo me visitar*".

Tinham-se passado três meses desde os eventos que Clara me relatara, no entanto, ela ainda não conseguia admitir que sentira raiva de Flávio, por ocasião de sua suspeita de gravidez (na verdade, ela só pôde perceber esse sentimento no decorrer de seu segundo ano de análise... Veremos mais para frente como isso se desenrolou).

Desde que Flávio a acusou de traição, Clara começou a sair com outros homens: motorista de táxi, peão de obra,... "*Não conseguia parar de pensar que Flávio não confiava em mim*", contou-me, tempos depois, culpando-se pelo fato de não ter conseguido convencer o namorado da fidelidade que lhe dedicava...

A irmã, chamada pelos colegas de trabalho de Clara, que perceberam mudanças em seu comportamento, colocou-a em uma casa de repouso, a mesma em que sua mãe também estivera internada até falecer. Lá, Clara começou a "*ver que, à noite, punham capacetes nos velhinhos*". Entendeu que se tratava de uma casa de eutanásia. Passou a ver seu filho, Rafael, do lado de fora da casa, querendo salvá-la. No entanto, as crianças do prédio onde ela morava atearam fogo em Rafael. "*Foi aí que eu comecei a enlouquecer*", me disse Clara.

A partir daquele momento, ela já não conseguia mais dormir. Recusava as refeições que lhes eram oferecidas.

Ficava agitada e agressiva toda vez que alguma enfermeira tentava se aproximar dela.

Vou chamar de "sintomas" as alterações que acabo de descrever em Clara. Sintoma é uma palavra originária do vocabulário médico e designa "Qualquer fenômeno ou mudança provocada no organismo por uma doença" (Ferreira, 1988, p. 603). Esse conceito foi incorporado pela psicanálise, em sua assimilação da psiquiatria, colocando-se esta enquanto um ramo da medicina. Ao nos referirmos a um fenômeno que incide sobre o corpo (a insônia, a "inapetência", a agitação psicomotora), supomos, então, a existência de uma "doença" que originaria esta mudança, não no organismo, mas no psiquismo de Clara. Estaríamos, dessa forma, corroborando a hipótese da existência de doenças para as quais não se encontra uma localização orgânica de lesão.

Se ainda não encontramos uma "lesão" no corpo, aceitemos, provisoriamente, os pressupostos de Freud e vejamos como eles podem ser utilizados na clínica. Procuremos, a partir do modelo psicanalítico, a origem dos sintomas que levaram Clara à internação psiquiátrica onde a conheci em "pensamentos eficientes inconscientes".

Levanto a hipótese de que os pensamentos eficientes inconscientes de Clara estavam relacionados à raiva que ela sentira de Flávio e à ligação que esse afeto tinha com sua mãe.

Essa postulação pode parecer tão "louca" quanto os delírios e as alucinações que Clara me relatava, se não mostrarmos suas **determinações inconscientes** e a teoria que nos possibilitou fazer essa **construção**[3].

Tentemos, por meio da psicanálise, em sua formulação sobre a constituição do psiquismo humano, uma compreensão dessa **interpretação**[4].

O determinismo psíquico

Freud acreditava em um **determinismo psíquico** dos sintomas mentais. Na ausência da comprovação de lesões orgânicas e pelo fato de não acreditar em bruxas ou na encarnação de "espíritos do mal", começou a pesquisar a correlação do surgimento desse tipo de sintomas com a história de vida das pessoas que desenvolviam esse tipo de "doença". Supunha a existência de conexões causais que atuam inconscientemente. Acreditava que cada ato e cada sintoma tem uma ou, frequentemente, mais de uma causa (**sobredeterminação**). Procurava,

---

[3] O conceito psicanalítico de **construção** refere-se à elaboração de hipóteses com relação a experiências passadas do sujeito (principalmente de sua história infantil), baseadas em eventos e fantasias relatados pelo paciente, com o objetivo de reconstruir lacunas de sua história de vida.

[4] A **interpretação** está no centro da doutrina e da técnica freudianas. Refere-se, na investigação analítica, ao destaque dado ao sentido latente (conteúdo inconsciente do material manifesto) existente nas palavras e nos atos de um indivíduo.

portanto, os fatores precipitantes nas situações recentes e as causas subjacentes no passado histórico de seus pacientes.

Vejamos como essa teoria pode ser pensada à luz do "caso Clara".

> *Levantei a hipótese de que o "fator precipitante" da crise que levou Clara àquela internação, onde nos conhecemos, foi a forma como ela lidou com a raiva que sentiu de Flávio, quando ele negou-se a apoiá-la no momento de sua suspeita de gravidez, acusando-a de infidelidade.*
>
> *Porque Clara não pôde, no entanto, perceber este sentimento? Quais seriam as "causas subjacentes" dessa forma de funcionamento psíquico em seu "passado histórico"?*
>
> *Como cheguei à conclusão de que essas causas poderiam ter alguma ligação com a mãe de Clara?*

Parece que, ao invés de obter soluções, consegui levantar mais dúvidas... Proponho, então, ouvirmos a história que Clara nos conta de sua vida, na tentativa de encontrarmos algumas respostas.

A história de Clara

A forma de relato dessa história foi modificada, não apenas no sentido de ocultar dados que, eventualmente, pudessem identificar a pessoa em questão mas, também, para facilitar uma inteligibilidade dos fatos por ela narrados. Precisou ser feita uma "montagem", no sentido cinematográfico do termo, a partir de fragmentos da história que Clara foi trazendo ao longo de três encontros semanais, que se deram por vários anos. Uma série de partes de sua vida era relatada no tempo presente e, no entanto, dizia respeito a um passado, às vezes, bastante remoto. Ela também contava, frequentemente, experiências vividas por outras pessoas como se fossem suas e vice-versa[5]. Levei um bom tempo para conseguir discernir a quem ela se referia, quando me contava esses eventos... Apesar de ser evidente a motivação didática que me obrigou a esse procedimento, de fazer um relato organizado histórica e cronologicamente, gostaria de ressaltar o quanto isto vai sub-trair da visualização, pelo leitor, do contorno (ou da falta de contorno[6]) com que Clara se apresentou a mim.

Clara teve anóxia de parto. Fernando se recusava a auto-rizar que Claudia fosse submetida a uma cesárea. Clara

---

[5] Em um determinado dia, por exemplo, Clara entrou em meu consultório per-guntando se eu estava cansada ou com algum problema. Dizia ver olheiras e um aspecto abatido em mim. Eu acabava de voltar de férias e estava descansada e muito bem disposta. Clara contou-me a seguir, no entanto, que havia passado a noite anterior sem dormir, cuidando do namorado que estava doente. Ela estava com o semblante tenso e com olheiras... Para uma descrição detalhada desse tipo de "apresentação" do esquizofrênico, ver o interessante e minucioso trabalho de Searles (2000). Agradeço a Daniel Delouya a indicação desse texto.

[6] A noção do "contorno" remete à questão da fragmentação *egoica* da esquizo-frenia que abordarei mais adiante e ao conceito de ego-pele (Anzieu, 1994), que não terei oportunidade de trabalhar nesse livro.

chegou a *"evacuar no útero da mãe"**. Foi levada *"roxa"* à sala de recuperação.

Claudia decepcionou-se muito ao saber que dera a luz a uma menina. Um ano antes, ela perdera um *"filho homem"*. Ela tinha tropeçado em seu robe, na escada, durante aquela gravidez. Caiu e abortou. Claudia achava *"que seu casamento não tinha dado certo por ela não ter conseguido dar a Fernando o filho que este tanto queria"*. Durante toda sua infância, Clara queria ser um menino. Suas brincadeiras e as roupas que escolhia nas lojas, quando a mãe a levava às compras, eram masculinas. Sua mãe não se opunha a isso.

Clara dormiu no quarto dos pais até a idade de sete anos. Seu berço ficava de um lado da cama dos pais e o de sua irmã Filipa, quatro anos mais nova, do outro. Elas só passaram a dormir em quarto separado do de seus pais por causa da intervenção de uma tia. Por ocasião de uma visita à família, ela obrigou a cunhada a mudá-las de dormitório. Clara acha que *"a mãe tinha medo que as filhas morressem durante a noite..."*

O pai de Claudia era muito rígido. Não queria que ela se casasse com qualquer um, apesar de ter tido vários pretendentes. Tinha de ser alguém rico ou um *"doutor"*. Fernando tinha diploma universitário e *"tinha nome"*:

---

* Todas as palavras e frases que estão entre aspas, no historial de Clara, referem-se a falas enunciadas por ela.

era de família importante. Seu primo era um influente político daquela época. Conheceu a esposa numa estação de águas. Ouviu-a tocar piano e a viu andar de bicicleta. Foi falar com ela. Pediu-a em casamento de imediato. Foi o pai dela quem pediu um tempo: três meses, para que Claudia preparasse o enxoval. Ela já tinha vinte e oito anos de idade, na ocasião. Tinha quase "passado da idade para se casar".

Fernando tinha se formado em uma das mais conceituadas faculdades do Brasil, porém, nunca exerceu a profissão para a qual estudou. Ele trabalhava com um irmão, que era um grande empresário. Clara acha que o pai vivia "encostado" nesse irmão. Quando este faleceu subitamente, a família de Clara, que morava no interior, onde tinha uma casa grande, um carro ("estavam bem de vida"), precisou mudar-se para a capital. Ali, Fernando abriu um negócio que não deu certo. Ele era um boêmio. Bebia muito. A mãe de Clara lhe dizia que, se ele saísse para beber, ela bateria nas filhas. Ele saía e ela batia nas filhas.

Fernando acabou perdendo todo o dinheiro que poupou enquanto trabalhava com o irmão. Passou a ser representante comercial, ficando, por causa dessa ocupação, longos períodos viajando. Durante uma dessas viagens, ele contraiu uma grave infecção. Sentiu-se muito mal, porém, não foi procurar um médico. Preferiu voltar para casa, mas, já era tarde... Fernando faleceu quando Clara

*tinha dez anos de idade. Quando seu pai morreu Clara
"não sentiu nada. Fingiu estar triste e chorar".*

*Após o falecimento do pai, Clara foi mandada para a
casa de uma tia materna. Claudia voltou com Filipa
para a casa de seus pais, em outra cidade. Arrumou
emprego e, no ano seguinte, quando conseguiu alugar
uma casa, trouxe Clara de volta. Esse período, em que
morou com a tia, propiciou uma "virada na vida" de
Clara. Ela acha que foi uma criança "estranha". "Parecia
meio boba". As colegas de classe não queriam brincar
com ela, roubavam-lhe os lanches. Até as professoras e
as freiras que administravam a escola a tratavam mal:
"diferente". Foi só após Clara ir morar com a tia que
ela "melhorou". Passou a ser mais querida por todos.
Começou a ser paquerada. "Quase todos os rapazes da
cidade se interessavam por ela".*

*Clara atribui esta mudança ao fato de ter "se cansado de
ser diferente e ter decidido ser normal".*

*Conta, por outro lado, que a mãe nunca a deixava sair
à rua para brincar com as outras crianças ou ir passar
algumas horas na casa de algum vizinho ou de alguma
colega de escola, "como todo mundo fazia..." Quando
morou com a tia, podia ir aonde quisesse... e não era mais
escorraçada toda vez que quebrava um copo ou derrubava
algum objeto da casa...*

*Depois de voltar a morar com a mãe, "as coisas ficaram
diferentes: melhoraram muito...". Na ausência do pai, a*

mãe tomou Clara como cúmplice e confidente. Passou a dividir com a mãe a administração da casa, a organização das finanças familiares e os cuidados para com a irmã. "Eu virei o marido de minha mãe", me disse Clara, repetidas vezes. Ela ouvia, durante horas, as queixas da mãe com relação à família do falecido marido que, além de desampará-las após a morte de Fernando, ainda acusava-o de ter roubado o irmão, no período em que haviam trabalhado juntos. Apesar de suspeitar que isto fosse verdade, Clara ficava consolando a mãe. Estimulava-a, também, a sair e a arrumar namorado. Claudia, no entanto, dizia que não queria "por um homem dentro de casa, porque ele abusaria sexualmente de suas filhas"... Agradecia por não ter tido um filho homem, se não, teria que mandá-lo para ser criado por seus tios, pois uma viúva não pode manter um filho do sexo masculino em sua casa. Claudia nunca voltou a se casar. Passava os dias trabalhando e as noites fazendo faculdade. Apesar dessa intensa atividade, "a casa nunca ficava suja, desarrumada ou faltando comida". Seu humor melhorou muito e já não batia tão frequentemente nas filhas.

Aos cinquenta e cinco anos de idade, porém, Claudia descobriu estar com câncer. Seguiram-se quase dez anos de sofridos tratamentos cirúrgicos, químio e radioterápicos. Durante os primeiros tempos da evolução dessa doença, Claudia ia sozinha ao hospital. À medida que as metástases foram se difundindo pelo seu corpo e ela *foi enfraquecendo, Clara passou a acompanhá-la. Filipa precisava estudar... Clara já estava formada. Apesar de trabalhar o dia todo para pagar a faculdade da irmã e ajudar a sustentar a casa, já que a mãe não podia mais fazê-lo, ela "devia" cuidar da mãe, pois "era a mais velha". Não fazia diferença, para Claudia, o fato de Clara ter começado a trabalhar aos dezoito anos de idade e ter pagado os próprios estudos. Filipa "precisava da ajuda da irmã". Ela sempre fora uma criança mais "fraca". Quando pequena, Filipa tinha "crises de choro". Toda vez que era contrariada, jogava-se ao chão e ficava gritando e esperneando até "ficar roxa".*

Clara, porém, pela primeira vez em sua vida, rebelou-se (parcialmente). Discutiu com a mãe e negou-se a continuar pagando os estudos para a irmã. Ficou noiva e, pouco tempo depois, casou-se.

Clara teve vários namorados "que gostavam muito dela", no entanto, só se casou quando encontrou Mário, que aceitou que ela continuasse tomando conta da mãe, depois de casarem. Assim, Clara pôde continuar cuidando da mãe por mais cinco anos.

Neste período, Claudia chegou a ter metástases no cérebro e passou a apresentar uma série de distúrbios do comportamento. O convívio com ela foi ficando extremamente difícil. Mesmo assim, Clara tentou mantê-la ao seu lado. Quando já não aguentava mais, pensou que "a única forma de se aliviar seria engravidando".

Filipa, a esta altura, também já estava casada e tinha dois filhos. Era esse o argumento que usava para se recusar a dividir o trabalho de cuidar da mãe com Clara. Assim, quando chegou aos oito meses de gestação, Clara foi pedir auxílio à irmã. Filipa, no entanto, após longa discussão com Clara, convenceu-a a colocarem a mãe numa clínica de repouso. Filipa disse que o marido não queria a sogra morando em sua casa.

Claudia ficou um breve período nessa clínica. Em alguns meses, pegou inúmeras infecções. Foi transferida para um hospital, onde foi colocada no isolamento. Clara e Filipa "esqueceram-se de dizer aos médicos que a mãe precisava continuar tomando os remédios contra o câncer" e, em pouco tempo, faleceu.

Claudia morreu nos braços de Clara, "soltando um grito como se estivesse se livrando de algo. O mesmo grito que Clara deu ao dar a luz a seu filho".

Pela morte da mãe, Clara pôde chorar. Ficou vários meses triste. Precisava, entretanto, cuidar de Rafael. Ela "tinha se proposto a não fazer com ele aquilo que sua mãe tinha feito com ela...". Clara queria que seu filho "crescesse independente". Desde o dia em que o trouxe da maternidade, já o alojou em um quarto que preparou especialmente para ele. "Leu vários livros de psicologia para aprender a criar o filho de uma forma saudável". Deixava-o chorar, às vezes, para que não ficasse "birrento". Continuou a trabalhar fora e a investir em sua carreira profissional.

Clara escolheu uma profissão que, na época, era tradicionalmente masculina. Foi a única mulher a seguir um curso na área de ciências exatas em sua turma. Conseguiu, mesmo assim, galgar altos cargos. Chegou a ser gerente em uma empresa na qual trabalhou. Precisou, no entanto, abrir mão desse posto, pois seu marido não deixou que ela fizesse as viagens que o cargo lhe impunha. Deveria deslocar-se para outras cidades para treinar e supervisionar equipes nas filiais dessa firma. Acabou sendo demitida. Teve de aceitar um emprego abaixo de suas qualificações profissionais, para manter a renda familiar. Nesse ínterim, Mário tinha ficado desempregado. Clara acabou passando em um concurso público, em sua área de formação.

Trabalhava com afinco. Nunca se atrasava e era das últimas a sair. Jamais se recusava a ficar, às vezes por várias horas, após o expediente. Não recebia nenhuma remuneração adicional por isso.

Conseguiu ser nomeada para um cargo de chefia, em um setor muito valorizado em sua esfera profissional. Para alcançar este posto, Clara chegou a deixar seu filho de dois anos de idade, em casa, doente, com febre, só com a empregada. Ela temia faltar ao trabalho, pois seu cargo era muito cobiçado pelos colegas. Qualquer "escorregão" poderia acarretar sua perda. Todo este esforço, porém, não lhe foi de grande valia.

Mário, que impedira Clara de viajar para trabalhar, acabou aceitando um emprego em outro Estado e passou a morar lá. Só vinha ver a esposa e o filho um fim de semana por mês. Inquieta pelo fato de não ter notícias do marido há muito tempo, certo dia, Clara resolveu ir para lá. Descobriu o retrato dele, com outra mulher, sobre o criado-mudo, ao lado da cama de Mário...

Clara teve sua primeira internação psiquiátrica pouco tempo após separar-se do marido.

Agora que temos uma certa quantidade de informações a respeito da história de vida de Clara, podemos tentar descobrir de que forma a teoria psicanalítica pode nos auxiliar na compreensão da constituição de sua "doença".

5.

TEORIAS DAS PSICOSES NA OBRA DE FREUD

O conceito de conflito psíquico

Freud iniciou suas teorizações sobre a constituição das "doenças mentais" a partir de seus estudos sobre a histeria. Esta foi, na época, paradigmática para a consolidação da psiquiatria enquanto ciência e especialidade médica. Sua etiopatogenia era, porém, um enigma. As hipóteses até então levantadas, que nunca encontraram um fundamento anatomopatológico, iam desde a suposição da migração do útero (*histero*) pelo interior do corpo (teorias originadas na antiguidade), até as explicações neurológicas (como as de Charcot, professor de Freud). Insatisfeito com essas postulações, Freud, ao descobrir, junto com Breuer, que uma paciente histérica[1] melhorava de seus sintomas falando ("talking cure"), pôs-se a ouvir seus pacientes. Como resultado desta escuta, ele formulou sua primeira teoria para a etiologia da histeria.

---

[1] "Caso Srta. Anna O.", (1893).

Freud descobriu que o principal fenômeno psíquico que opera na constituição histérica é o **recalcamento** (ou **recalque**). Este seria um **mecanismo de defesa do ego**[2], já que sua função é a de "repelir ou manter no inconsciente representações (pensamentos, imagens, recordações) ligadas a uma **pulsão**[3]. O recalcamento produz-se nos casos em que a satisfação de uma pulsão – suscetível de por si mesma proporcionar prazer – ameaçaria provocar desprazer relativamente a outras exigências. [...] 'Tratava-se de coisas que o doente queria esquecer e que intencionalmente mantinha, repelia, recalcava fora de seu pensamento consciente' (Breurer & Freud, 1893)" (Laplanche & Pontalis, 1986, p. 553).

Esse material recalcado continuaria, no entanto, funcional, eficaz no sistema inconsciente. Poderia, desde aí, provocar sintomas por meio da **formação de compromisso**. Esta é resultado das duas forças ligadas a grupos de **representação**[4] que agem em sentido contrário. Por um lado, encontram-se as forças das **representações recalcadas** e, por outro, aquelas das **recalcantes**. Essa luta entre exigências internas contrárias chama-se **conflito psíquico**.

---

[2] Por uma questão didática, usarei o termo **ego**, em vez de **eu**, apesar do uso mais corrente deste último na terminologia psicanalítica atual.

[3] A **pulsão** é o processo dinâmico que consiste em uma pressão ou força que se origina no corpo e faz tender o organismo para um alvo. Detalharei mais esse conceito nas próximas páginas.

[4] O conceito de **representação** será explicado adiante.

"O conflito pode ser manifesto (consciente) entre um desejo e uma exigência moral [que seria, nessa situação, a instância **repressora**][5], por exemplo, ou entre dois sentimentos contraditórios. O conflito também pode ser latente (inconsciente), neste caso ele irá se exprimir de forma deformada no conflito manifesto ou se traduzirá pela formação de sintomas, desordens do comportamento, perturbações do caráter etc." (Laplanche & Pontalis, 1986, p. 131).

Freud conseguiu, dessa forma, explicar como um sintoma apontava, por um lado, para a representação recalcada e, por outro, para a recalcante. O conflito subjacente a uma paresia histérica nas pernas pode ser, por exemplo, o desejo daquela pessoa de "caminhar em direção ao seu objeto de amor", por um lado e, por outro, o castigo por desejar uma pessoa "proibida" para ela, como acontece se ela está enamorada do cunhado. Esse é o exemplo do "Caso Srta. Elisabeth Von R.", analisado por Freud em 1895. O conflito psíquico, nessa situação, converte-se (**conversão histérica**) em um sintoma somático. A pessoa tem um sintoma no corpo, porém não se consegue detectar nenhuma lesão ou disfunção orgânica que justifique esse sintoma.

---

[5] Essa observação é minha. Note-se que existe uma diferença entre os conceitos de **recalque** e **repressão**. Esse último é usado aqui devido ao **caráter consciente** da operação psíquica que elimina do sistema consciente um conteúdo desagradável ou inoportuno. Para maiores detalhes a respeito dessa diferenciação terminológica, remeto o leitor aos respectivos verbetes, no *Vocabulário da psicanálise* de Laplanche & Pontalis (p. 552 e 594).

Poderíamos supor que algumas das situações vividas por Clara seriam possíveis fontes para a formação de conflitos psíquicos. Sua parcial "rebelião" em continuar pagando os estudos da irmã, por exemplo, caberia ser pensada como o resultado de um conflito entre sua submissão aos desígnios maternos que lhe atribuíam o papel de "marido" e o desejo de Clara ter uma vida própria. Seria, nesse caso, um conflito do qual ela tinha consciência, que obteve uma solução bem-sucedida. Ela disse à mãe que precisava do dinheiro para sair, encontrar um namorado e se casar. Não precisou fazer uma formação de compromisso que se convertesse em um sintoma físico ou em um distúrbio de comportamento.

Clara não foi, porém, tão feliz na saída que encontrou para o mesmo conflito, poucos anos mais tarde. Ao tentar, novamente, adquirir mais autonomia em relação à mãe, quando esta já estava com câncer, Clara usou o recurso de engravidar. Pensava que, dessa forma, se igualaria à irmã. Esta utilizava o argumento de que os filhos, dos quais precisava tomar conta, eram o empecilho na tarefa de dividir com Clara os cuidados da mãe. Não percebera que se tratava de uma "desculpa" de Filipa. Para Clara, as palavras tinham o peso de verdades absolutas. Funcionavam ao modo de "pão-pão, queijo-queijo"[6].

---

[6] Analisarei esse modo de funcionamento psíquico de Clara, de substituir elementos simbólicos por coisas concretas, no capítulo 7.

Levou anos de análise para poder "se perdoar" pela culpa que sentiu pela morte da mãe. Acreditava que Claudia falecera porque ela e a irmã a descuidaram. Clara não conseguiu, portanto, resolver esse conflito, naquele momento, com os mesmos recursos que usara antes: interpondo um fato concreto, da realidade, em sua relação com a mãe.

Poderíamos dizer que se trata, nesses exemplos, de conflito neurótico? A hipótese que levanto é de que esse tipo de conflito levou Clara a ter vários surtos psicóticos. Como se coadunaria, então, essa suposição com a teoria até aqui exposta? Foram questões como essa que fizeram Freud abrir novas perspectivas dentro da teoria psicanalítica.

A evolução da teoria freudiana das psicoses

A teoria das psicoses sofreu uma evolução ao longo da obra de Freud, de acordo com a atribuição de diferentes mecanismos para sua gênese.

Em 1894, ele a imputava a uma **rejeição da realidade**: uma não incorporação simbólica de um acontecimento, em oposição ao mecanismo neurótico do recalcamento.

Em meio a suas teorizações sobre *As neuropsicoses de defesa*, encontramos a hipótese de que, na psicose, ocorreria uma "espécie de defesa muito mais poderosa e bem-sucedida [do que nas neuroses]. Nela [na psicose], o eu[7] rejeita a representação incompatível juntamente com seu afeto e se comporta como se a representação jamais lhe tivesse ocorrido. *Mas a partir do momento em que isso é conseguido, o sujeito fica numa psicose que só pode ser qualificada como 'confusão alucinatória'*".

Encontramos, ainda, tentativas de compreensão da origem das psicoses nos *Extratos dos documentos dirigidos a Fliess*[8]. Essas questões também aparecem em seu *Projeto para uma psicologia científica*, de 1895; em seus estudos sobre os sonhos e mesmo em sua elaboração da **metapsicologia**[9] da histeria.

As tentativas de elucidação da origem das psicoses, no entanto, esbarravam sempre na insuficiência da teoria do recalque. Este era precozinado, até então, como principal mecanismo da produção de sintomas de ordem psíquica. Os sintomas psicóticos tinham um sentido: tratar-se-ia do retorno de um conflito não elaborado. O recalque não dava conta, porém, por si só, de explicar a não incorporação simbólica de um acontecimento.

---

[7] A versão das *Obras completas* de Freud, cujo trecho transcrevo aqui, utiliza indiscriminadamente os termos **eu** e **ego**.

[8] Cartas de 7 de janeiro de 1895 (Rascunho G. - Melancolia), de 24 de janeiro de 1895 (Rascunho H. Paranoia), de 4 de março de 1895 (carta 46), de 1 de janeiro de 1896 (Rascunho K. - As neuroses de defesa), de 9 de dezembro de 1899 (carta 125), entre outras.

[9] **Metapsicologia** refere-se ao "termo criado por Freud para designar a psicologia por ele fundada, considerada na sua dimensão mais teórica. A metapsicologia elabora um conjunto de modelos conceituais mais ou menos distantes da experiência, tais como a ficção de um aparelho psíquico dividido em instâncias, a teoria das pulsões, o processo de recalcamento etc." (Laplanche & Pontalis, 1986, p. 361 e 362)

Em 1911, Freud propôs que, nas psicoses, existiriam mecanismos de defesa específicos, diferentes daqueles que atuam nas neuroses. Na paranoia predominariam a projeção[10], o narcisismo e o retorno da libido para o ego. Freud já se perguntava, nesse momento, se o que diferencia a neurose da psicose seria só o tipo de defesa ou se a questão central não seria a própria estrutura do ego (Hornstein, 1989, p. 157).

Foi por meio do estudo do narcisismo que Freud pôde avançar mais em suas teorizações a respeito das psicoses e começar a formular os conceitos com os quais viria a elaborar sua segunda teoria do aparelho psíquico (**segunda tópica**).

O conceito de narcisismo

Efetuando pesquisas a respeito das psicopatologias, tendo-se detido, até esse momento de sua obra, principalmente nas *Neuropsicoses de defesa* (histeria e neurose obsessiva), Freud conseguiu construir sua primeira teoria da constituição e do funcionamento do aparelho psíquico (**primeira tópica**).

A partir de suas investigações a respeito dos sonhos, dos atos falhos e dos chistes, Freud desvendou o funcionamento

---

[10] O paranoico **projeta** para fora de si as representações que lhe são intoleráveis e elas retornam do exterior sob a forma de recriminações e perseguições. Para maiores detalhes a respeito da *Paranoia*, remeto o leitor ao livro de Renata Udler Cromberg, nessa mesma coleção.

do **processo primário**; da **condensação**[11]; do **deslocamento**[12]; dos sistemas **consciente, pré-consciente** e **inconsciente** etc.

Essas elaborações metapsicológicas, porém, não explicavam porque o psicótico não consegue, por exemplo, "acordar" de seus delírios e alucinações, como faz o neurótico, ao despertar após um sonho. Efetivamente, Freud traçava, desde *A interpretação dos sonhos*, um paralelo entre o trabalho de elaboração onírica e o "trabalho de formação dos delírios" (Freud, 1911, capítulo II). Ambos seriam regidos pelos mecanismos do **processo primário**, característico do funcionamento do sistema inconsciente. Nele, a libido "escoa-se livremente, passando sem barreiras de uma representação a outra, segundo os mecanismos de deslocamento e de condensação" (Laplanche & Pontalis, 1981, p. 474).

Essa associação entre o sonho e o delírio não bastava, entretanto, para entender porque o psiquismo de alguns indivíduos mantém-se funcionando sob a égide do inconsciente, em grande parte ou durante todo período em que estão acordados.

Freud fez sua primeira grande incursão no campo das psicoses em 1911, por meio de um texto que intitulou *Notas psicanalíticas sobre um relato autobiográfico de um caso de paranoia*

---

[11] A **condensação**, um dos mecanismos essenciais do funcionamento do inconsciente, permite com que uma única representação manifesta (que pode se tornar consciente num sonho, num lapso ou num sintoma) contenha várias cadeias associativas (ideias ou afetos latentes, que precisam ficar inconscientes).

[12] O **deslocamento** refere-se a outra formação do inconsciente, que permite com que a libido se desligue de uma determinada representação para se ligar a outra(s) por uma cadeia associativa. Esse mecanismo é muito evidente na neurose obsessiva.

(dementia paranoides). Este estudo ficou conhecido como o "Caso Schreber".

Daniel Paul Schreber era doutor em direito, tendo chegado ao cargo de juiz do Tribunal de Dresden. Ele foi internado em clínicas psiquiátricas por vários anos e conseguiu reaver sua liberdade por meio de um processo judicial. Durante uma de suas internações, Schreber escreveu o livro *Memórias de um doente dos nervos*, publicado em 1903. Por meio da análise desse livro, Freud começou a desenvolver o conceito de **narcisismo**[13].

"Pesquisas recentes dirigiram nossa atenção para um estádio do desenvolvimento da libido[14], entre o autoerotismo e o amor objetal. Este estádio recebeu o nome de narcisismo", diz Freud. E explica: "O que acontece é o seguinte: chega uma ocasião, no desenvolvimento do indivíduo, em que ele reúne suas pulsões[15] sexuais (que até aqui haviam estado empenhadas em atividades autoeróticas), a fim de conseguir um objeto amoroso; e começa por tomar a si próprio, seu próprio corpo, como objeto amoroso, sendo apenas subsequentemente que passa daí para a escolha de alguma outra pessoa que não ele mesmo, como objeto. Essa fase equidistante entre o autoerotismo e o

---

[13] O vocábulo **narcisismo** deriva do mito grego de Narciso, que se apaixonou pela própria imagem.

[14] O termo **libido** designa a energia psíquica da pulsão sexual. "Damos esse nome à energia, considerada como uma magnitude quantitativa (embora na realidade não seja presentemente mensurável), daquelas pulsões que têm a ver com tudo o que pode ser abrangido sob a palavra 'amor'". (Freud, 1921, capítulo IV)

[15] Optei por substituir o termo "instinto", adotado na tradução das obras de Freud, que uso ao longo desse livro, pelo termo "pulsão", muito mais corriqueiro na terminologia psicanalítica atual, no Brasil.

amor objetal pode, talvez, ser indispensável normalmente; mas parece que muitas pessoas se demoram por tempo inusitadamente longo nesse estado e que muitas de suas características são por elas transportadas para os estádios posteriores de seu desenvolvimento" (Freud, 1911, capítulo III).

O que Freud descobriu, por meio do estudo do "caso Schreber" foi que existe uma etapa do desenvolvimento do psiquismo na qual o indivíduo ama a si mesmo: o narcisismo. Isso lhe oferece a possibilidade de se ver como um ser inteiro, passível de amor. É esse o processo que permite a constituição do **ego**: uma imagem unificada de si mesmo.

A permanência "inusitadamente longa" nessa etapa normal e necessária do desenvolvimento, pode, no entanto, tornar-se problemática.

> *Clara contou-me que me escolheu como "sua médica" por ter me achado "muito parecida consigo mesma". Ela acreditava que eu também não tinha amigos, vivia sozinha e tinha seguido uma carreira pouco accessível às mulheres. A maioria dos psiquiatras que a haviam tratado, até então, eram do sexo masculino.*
>
> *Ela pensava que era minha única paciente. Em sua cabeça, eu só atendia a ela. Não tinha outros clientes. Pelo fato de meu consultório ter portas separadas para entrada e para saída, Clara, durante muito tempo, não se deparou com mais ninguém, além de mim, naquele espaço. Esse fato contribuiu para fomentar sua crença na*

veracidade desse desejo que tinha de constituirmos uma mônada simbiótica[16] onde a dependência seria mútua. Ela dependeria de mim para tratá-la e eu dependeria dela para sobreviver. Durante meses ela questionou o valor de meus honorários sob a alegação de que o que me pagava era mais do que ela mesma gastava para se manter. Seguindo este raciocínio, não fazia sentido para ela eu querer receber "mais do que qualquer pessoa" (ela mesma) gasta em sua manutenção... Além do que, Clara também pensava ser um absurdo ter de me pagar qualquer valor, já que era ela quem fazia todo o esforço para vir até meu consultório. Tinha que tomar ônibus e andar várias quadras para chegar lá. Eu só ficava sentada, esperando por ela, sem fazer esforço nenhum!!!...

Tentava, dessa forma, por meio de sua relação comigo, elaborar seu narcisismo. Ela não pudera viver de maneira satisfatória essa parte da formação de seu psiquismo[17].

Como vimos, Freud propôs, em 1911, um surgimento simultâneo do narcisismo e do ego, que deve se dar em algum momento entre o autoerotismo e o amor objetal. O postulado dessa nova teorização veio preencher uma lacuna no arcabouço metapsicológico elaborado até então.

---

[16] Simbiose refere-se à forma de interação entre dois seres, que só conseguem sobreviver por meio da dependência mútua.

[17] Desenvolverei mais esta interpretação na exposição do "caso" ao longo desse livro.

Em 1914, a partir de suas elaborações *Sobre o narcisismo*[18], Freud pôde articular teorias que lhe permitiram uma compreensão maior das psicoses. "Um motivo premente para nos ocuparmos com a concepção de um narcisismo primário[19] e normal", diz ele, "surgiu quando se fez a tentativa de incluir o que conhecemos da demência precoce (Kraepelin) ou da esquizofrenia (Bleuler) na hipótese da teoria da libido. Esse tipo de pacientes, que eu propus fossem denominados parafrênicos, exibe duas características fundamentais: megalomania e desvios de seu interesse do mundo externo – de pessoas e coisas" (capítulo I).

A "descoberta" do narcisismo também levou-o a toda uma reformulação de sua primeira teoria de aparelho psíquico: "Uma unidade comparável ao ego", explica Freud, "não pode existir no indivíduo desde o começo; o ego tem de ser desenvolvido. As pulsões autoeróticas, contudo, ali se encontram desde o início, sendo, portanto, necessário que algo seja adicionado ao autoerotismo – **uma nova ação psíquica**[*] – a fim de provocar o narcisismo" (Freud, 1914, capítulo I).

---

[18] O conceito de **narcisismo** já tinha aparecido na obra de Freud em 1910, mas, ele passou a desenvolvê-lo mais a partir desse artigo de 1914.

[19] A partir de sua segunda teoria do aparelho psíquico, Freud conceitua um estado narcísico primitivo, caracterizado pela total ausência de relações com o meio. Este **narcisismo primário** teria seu protótipo na vida intrauterina. Não existiria, nesse momento, nenhuma relação dessa pessoa com qualquer objeto de investimento libidinal. Após a formulação dessa nova teoria, a ideia de um narcisismo contemporâneo da formação do ego passa a ser denominada **narcisismo secundário**. Por motivos didáticos, trabalharei, por enquanto, apenas com o conceito genérico de narcisismo.

[*] Esse grifo é meu.

De início, a criança investe sua libido de forma fragmentária, por meio de suas **pulsões parciais** em seus **objetos parciais**. A noção de **pulsão parcial** e de **objeto parcial** é correlativa à teoria de uma **fase anárquica (perverso-polimorfa)** do desenvolvimento, onde a libido origina-se em partes específicas do corpo (pulsão oral, pulsão anal...) e tem alvos específicos (seio, alimento, fezes etc.). Daí resultou a proposição das fases evolutivas correspondentes a cada uma dessas pulsões parciais: fase oral, fase anal... Essa é a etapa que Freud chamou de **autoerótica**.

A síntese das pulsões parciais permitirá entrar na **fase fálica** e fazer uma **escolha de objeto** unificado. Isso propicia o investimento da libido em algo "integrado": uma pessoa "inteira". Esse novo objeto distingue-se, portanto, dos **objetos parciais** (seio, boca, ânus, fezes...), que são vividos como **partes** do próprio indivíduo.

A "nova ação psíquica" que propicia a síntese das pulsões parciais é a **identificação**[20]. O ego poderá, a partir de então, constituir-se como uma unidade.

> *Levantei a hipótese de que Clara tentava elaborar seu narcisismo por meio de sua relação comigo. Suponho portanto, implicitamente, que ela não teria, nesse momento, um ego integrado. Deduzi isso de suas constantes solicitações para eu dizer quem era ela, se "estava bem", se iria conseguir "dar conta de seu trabalho e de si mesma"...*

---

[20] Trabalharei o conceito de **identificação** no próximo capítulo.

A falta de unidade de seu ego aparece, também, em vários trechos do diário[21] que ela escreveu durante sua análise comigo. Nele, alternam-se relatos fragmentados de ideias, desejos, delírios, alucinações e experiências de seu cotidiano, narrados ora na primeira pessoa, ora como se se tratasse de outrem. "São Paulo, 10 de Julho de 19... – segunda-feira – 21:26 hs. Estou ouvindo vozes ou não? Estou desejando que alguém estivesse comigo nem que fosse para brigar. Fico muito solta como já disseram. Considero-me louca. Por quê? Questiono meus atos. Sou insegura e isto faz com que eu não aceitando minha insegurança me considere louca, boba, sem juízo, velha, desrespeitada, sem vergonha, hipócrita, sozinha, tola, sem gosto musical, uma pessoa que sofre porque acredita na vida, que fez bem de deixar o marido, que o Mário ajuda porque criou o Rafael, que vai ver que desperdiçou a vida, que parou, puta, que minha irmã é cachorra porque acredita que eu preciso de homem, que eu não preciso de homem nenhum, que algum dia alguém vai escrever toda minha história no jornal, que eu sou garota, que eu tô fodida, que eu errei e que tenho que pagar por isto o resto da vida, que eu vou ficar louca, que preciso ficar louca, que é isto que os outros querem, a tortura, se separou dele, fez história, casar não é brincar de boneca. Tem dó! Tá na hora de eu ficar jovem. Coitada! Vou tomar

---

[21] Clara pediu-me para ler seu diário para *"adiantar nosso trabalho"*.

*um comprimido para dormir. Estou ouvindo vozes, com
pena de mim mesma, me achando louca e achando que
os outros acham isso também".*

Vemos, aqui, Clara experimentando constituir um ego.
Ela "conversa" consigo mesma. Tenta reconhecer-se por
meio de características psíquicas e físicas percebidas por
si mesma ou por outros. Fala de si na terceira pessoa,
como se fosse seu próprio observador, como se "estivesse
fora de si"[22]. Perde-se no meio dessa tentativa. Começa
a alucinar e seu pensamento desorganiza-se. Reencontra
uma integração por meio do remédio para dormir. Clara
tem alguém que cuida dela e com quem ela pode contar,
mesmo estando sozinha em casa. Lembrar do comprimido,
nesse momento, devolve-lhe a unidade psíquica. O remédio
simboliza a presença de quem cuida dela. Não precisa ficar
louca: sem identidade própria, fundindo-se a um outro
alucinado (as vozes que escuta), para não sentir o vazio
da solidão. Pode ficar sozinha, mas, inteira, sem rupturas
em seu contorno. Pode obter um ego unificado por meio
daquilo que representa seu tratamento.

O comprimido, que a psiquiatra havia prescrito, funcio-
naria, nesse momento, como um "objeto intermediário"[23]

---

[22] Aludo, por meio da expressão "estar fora de si", não apenas ao seu significado
popular: "estar louco", mas, também à possibilidade do sujeito situar-se *fora* do
lugar aonde encontrava-se prisioneiro na relação dual da fusão originária mãe-
bebê. Seria, portanto, uma tentativa de saída da "loucura". (Waelhens, 1990, p. 46)

[23] O conceito de **objeto intermediário** (Winnicott, 1975) parece-me um instrumento muito útil para a compreensão da formação do mecanismo de simbolização.

*para Clara. Seria algo que, de alguma forma, ela "criou",
ao ir em busca de tratamento e, ao mesmo tempo, algo que
a médica lhe ofereceu: um objeto da realidade.*

*Por meio do remédio, Clara pôde suportar melhor a
ausência de seu complementar (mãe/psiquiatra) no núcleo
narcísico que ela tentava (re)constituir. Começava, com a
ajuda do comprimido, a simbolizar a falta, o vazio.*

A partir da formação de um ego unificado, diz Freud, a criança tomará a si mesma, ao seu próprio corpo, como objeto de amor. Trata-se, então, de uma **escolha de objeto narcisista** e homossexual quando o objeto da **pulsão sexual** unificada visa ao próprio sujeito ou a algum sub-rogado seu no mundo externo[24]. A eleição heterossexual de objeto seria uma etapa posterior a essa, no desenvolvimento do aparelho psíquico. Para investir em objetos externos, o indivíduo subtrai energia investida em seu próprio ego. É nas variantes desse equilíbrio dos investimentos entre **libido do ego** e **libido objetal** que Freud se baseará para pensar várias questões concernentes às psicoses e sua distinção com as neuroses.

Nas psicoses, a "libido liberada pela frustração não permanece ligada a objetos na fantasia", como ocorre nas neuroses,

---

É este que "falha" no funcionamento psicótico. Tratarei desse mecanismo, mais demoradamente, nas próximas páginas.

[24] Nessa etapa narcísica do desenvolvimento é que ocorre o ponto de fixação na paranoia. Isso explica porque os desejos homossexuais aparecem projetados no objeto perseguidor.

"mas se retira para o ego". Esse aumento da libido depositada no ego explicaria a megalomania observada nas psicoses. A hipocondria da esquizofrenia seria o correlato da ansiedade das neuroses. Essa ansiedade pode ser transformada por conversão, na histeria; por formação de reação, na neurose obsessiva ou por construção de proteções, nas fobias. "O processo correspondente nos parafrênicos [esquizofrênicos] consiste em uma tentativa de restauração, à qual se devem as surpreendentes manifestações da doença" (Freud, 1914, capítulo II).

Nesse mesmo artigo, Freud também postula que, na esquizofrenia, com frequência, se não geralmente, ocorre "apenas um desligamento *parcial* da libido dos objetos". Em consequência disso, "podemos distinguir três grupos de fenômenos no quadro clínico: (1) os que representam o que resta de um estado normal de neurose (fenômenos residuais); (2) os que representam o processo mórbido (afastamento da libido dos seus objetos e, além disso, megalomania, hipocondria, perturbações afetivas e todo tipo de regressão); (3) os que representam a restauração, nos quais a libido é mais uma vez ligada a objetos, como uma histeria (na demência precoce ou na parafrenia propriamente dita), ou como numa neurose obsessiva (na paranoia)".

Dois meses e meio depois do fragmento do diário transcrito acima, Clara escreve: "São Paulo, 27 de Setembro de 19.. – quarta-feira. Ela adormeceu e acordou no meio da madrugada. Acha que era 4:30 hs. Agora são 5:40 hs está desperta. Dorme-se pouco não se pode dirigir. Está se apaixonando por sua chefe. Seria o ideal não? Sexo com alguém que lhe diz o que fazer no trabalho que é o seu ganha pão. Ainda sente tesão pelo Flávio, mas não gosta mais dele. Não quer mais um "pau" para servi-la, quer ter um nela. Sua chefe entrou no início do ano passado. Um ano, menos de um ano, após sua última crise. Começou a se vestir como um homem logo após sua última crise. Talvez queira suprir para si mesma o que não consegue obter nos outros. Não gostava de sexo com o Marcos. Gosta com o Flávio mas é escasso em não se concretizando uma relação amorosa mais estável, mesmo que não fosse um casamento. Sexo é sexo. Amor é amor. Não é bem assim, assim diz o Flávio Gikovate em seu livro. Não é o que ela penso, desde 19.. + ou –. Quando escolheu o Flávio, quando liberou suas emoções. Paixão é perigo. Como controlá-la? Acho que busco alguém que corresponda aos meus anseios individuais. Uma pessoa que é ela mesma sem medo de rejeição como sua chefe. É isso que tem que desenvolver: segurança, não um pênis. Estou me sentindo desesperadamente desamparada. E achando a carga de me amparar sozinha grande demais, mas querendo enfrentá-la. [...]"

Observamos Clara esboçando aqui um investimento libidinal em um objeto homossexual, buscando uma identificação com sua chefe. A seguir, vemo-la questionando sua recusa da castração[25]. *Finalmente, aparece um ego unificado, tomando consciência de sua Condição Humana*[26].

São idas e vindas de um aparelho psíquico em (re)construção[27]. *Poderíamos pensar, baseando-nos na teoria freudiana até agora exposta, em um edifício que "funcionou" de determinada forma, até o momento em que sofreu algum abalo ("libido liberada pela frustração"). Desde então, Clara estaria tentando reconstruir seu edifício psíquico por meio de reformas, remendos e restaurações ("voltar a ligar sua libido a objetos"). Procuraria, dessa forma, reconstituir seu narcisismo e, consequentemente, seu ego...*

Freud nos mostrou, por meio de suas teorias sobre a constituição do narcisismo, do ego e dos investimentos libidinais, pontos nos quais podem ocorrer "desvios" no curso "normal" do desenvolvimento. Vejamos, a seguir, como outro mecanismo psíquico constitutivo – a **recusa da realidade** – pode transformar-se em causa de uma psicopatologia.

---

[25] Detalharei essa análise nas próximas páginas.

[26] Aludo, aqui, ao belíssimo romance de André Malraux, *A condição humana*, onde o autor aponta para algumas saídas à inevitável solidão com a qual o ser humano se depara ao se constituir enquanto tal.

[27] Deixo em aberto, por enquanto, a questão da "estrutura" psíquica: se a psicose resultaria de uma "falha" constitutiva na formação do psiquismo do indivíduo ou se ocorreria uma "regressão", em seu percurso normal de desenvolvimento.

O conceito de rejeição da realidade

Como vimos, desde 1894, Freud acreditava que na psicose existia um mecanismo de funcionamento psíquico diferente daquele da neurose. Na psicose, ocorreria uma rejeição da realidade: uma não incorporação simbólica de um acontecimento.

Em 1905, em seus *Três ensaios sobre a teoria da sexualidade*, tentando entender o desenvolvimento normal do psiquismo, Freud descobriu a existência de um repúdio da realidade constitutivo para o ser humano. Toda pessoa passa, durante seu desenvolvimento, por uma etapa na qual ocorre uma não incorporação simbólica de um acontecimento. Esse mecanismo foi chamado de **recusa**. O acontecimento recusado, que Freud conceitua nesse momento, é a percepção da castração:

"A suposição de uma genitália idêntica (masculina) em todos os seres humanos é a primeira das notáveis e momentosas teorias sexuais infantis. [...] Já a garotinha não incorre em semelhantes **recusas**[*] ao avistar os genitais do menino, com sua conformação diferente. Está pronta a reconhecê-lo de imediato e é tomada pela inveja do pênis, que culmina no desejo de ser também um menino, tão importante em suas consequências".

Já tivemos a oportunidade de ver o quanto influiu, no desenvolvimento do psiquismo de Clara e, em consequência, no desenrolar de sua vida, o fato de "não ter

---

[*] Esse grifo é meu.

nascido homem". Desde as brincadeiras e as roupas que escolhia na infância, até a carreira profissional que seguiu, mostram os efeitos de sua recusa da castração. O uso desse mecanismo pelo seu psiquismo, na verdade, poderia ter contribuído para ela ser apenas uma "neurótica bem-sucedida", não fossem outros eventos que ocorreram em sua história. Veremos, adiante, como isso aconteceu...

A recusa da realidade pode participar de uma constituição psíquica neurótica, perversa ou psicótica. Dependendo da modalidade e da persistência de sua ocorrência, ela pode ser um mecanismo mental normal (Freud, 1936), a base de uma perversão[28] (Freud, 1927) ou pode representar um mecanismo psicótico: "pode estabelecer-se um processo que eu gostaria de chamar de 'rejeição'[29], processo que, na vida mental das crianças, não parece incomum nem muito perigoso, mas em um adulto significaria o começo de uma psicose" (Freud, 1925b).

Os termos "recusa" (*Verleugnung*) e "rejeição" (*Verwerfung*) foram usados, ao longo da obra de Freud, para designar o "modo de defesa que consiste em não reconhecer a realidade de uma percepção traumatizante, essencialmente a ausência de pênis na mulher" (Laplanche & Pontalis, 1986, p. 562). Ambos, portanto, se referem à recusa da percepção da castração.

---

[28] Para maiores detalhes a respeito das questões da *Perversão*, ver o livro de Flávio Carvalho Ferraz, nessa mesma coleção.

[29] Nesse trecho da versão das obras de Freud que utilizo, a palavra *Verleugnung* foi traduzida por "rejeição". Ver discussão que faço a seguir, no texto.

A palavra "recusa" aparece mais frequentemente, porém, em textos ligados à análise das perversões e da constituição psíquica normal. O vocábulo "rejeição" é mais utilizado por Freud em suas elaborações a respeito das psicoses. Apoiado nesse fato, Lacan, atribuiu ao conceito de rejeição um lugar privilegiado em sua metapsicologia das psicoses. Para essas, ele introduziu o conceito de **forclusão**[30] como um tipo específico de rejeição da realidade.

Para não confundir o leitor, reservarei, nas próximas páginas, o uso da palavra "rejeição" para referir-me a um mecanismo de funcionamento nas psicoses.

Até 1911, Freud tentava entender o funcionamento psíquico nas psicoses, utilizando o modelo das neuroses. Mas, ao pensar como atua a repressão[31] na psicose, viu-se obrigado a postular uma outra forma de funcionamento do ego. Partiu dos três movimentos constitutivos da repressão, propostos desde seus estudos sobre as psiconeuroses: **fixação**[32]; **repressão** propriamente dita e **retorno do reprimido**. Ao fracassar em seu trabalho de manter afastada da consciência a representação

---

[30] Optei por não trabalhar com esse conceito nesse livro.

[31] O conceito de **repressão** contém o de **recalque** como uma de suas modalidades.

[32] O conceito de **fixação** alude ao "fato de a libido se ligar fortemente a pessoas ou imagos, de reproduzir determinado modo de satisfação e permanecer organizada segundo a característica de uma de suas fases evolutivas [fase oral, fase anal...]" ou ao "modo de inscrição de certos conteúdos representativos (experiências, imagos, fantasmas) que persistem no inconsciente de forma inalterada e a que a pulsão permanece ligada" (Laplanche & Pontalis, 1986, p. 251).

desejante, com uma **regressão**[33] da libido ao ponto de fixação da paranoia – o estádio do narcisismo – , essa representação retorna desde fora:

"*A formação delirante, que presumimos ser o produto patológico, é, na realidade, uma tentativa de restabelecimento, um processo de reconstrução.* Tal reconstrução após a catástrofe[34] é bem-sucedida em maior ou menor grau, mas nunca inteiramente. [...] Podemos dizer, então, que o processo da repressão propriamente dita consiste num desligamento da libido em relação às pessoas – e coisas – que foram anteriormente amadas. Acontece silenciosamente; dele não recebemos informações, só podemos inferi-lo dos acontecimentos subsequentes. O que se impõe tão ruidosamente à nossa atenção é o processo de restabelecimento, que desfaz o trabalho da repressão e traz de volta novamente a libido para as pessoas que ela havia abandonado. Na paranoia, este processo é efetuado pelo método da projeção. *Foi incorreto dizer que a percepção suprimida [rejeitada]* internamente é projetada para o exterior; a verdade é, pelo contrário, como agora percebemos, que aquilo que foi internamente abolido retorna desde fora*" (Freud 1911, capítulo III).

---

[33] O termo **regressão** designa, em psicanálise, considerando-se um processo psíquico que contenha um sentido de percurso ou de desenvolvimento, o movimento de retorno em sentido inverso desde um ponto já atingido até outro situado antes desse (Laplanche & Pontalis, 1986, p. 567).

[34] A catástrofe à qual refere-se Freud, neste momento, alude tanto ao desinvestimento libidinal que Schreber faz da realidade (catástrofe interna) quanto ao seu delírio do fim do mundo (catástrofe externa).

* Essa observação e o grifo, nessa frase, são meus.

Em seu artigo sobre *Neurose e psicose*, Freud enfatiza esses dois momentos na constituição da psicose. Primeiro, ocorre a rejeição da realidade e, depois, a construção delirante, que ele considerou como "um remendo aplicado no lugar em que originalmente uma fenda [a abolição simbólica causada pela **rejeição**]* apareceu na relação do ego com o mundo externo".

O psicótico tenta construir uma neo-realidade que esteja de acordo com suas exigências internas. O elemento da realidade que foi rejeitado, no plano da significação, tentará retornar, para ser restituído, sob uma forma alucinatória. Ele aparecerá, portanto, no nível perceptivo, "no próprio ponto onde a recusa [rejeição]* foi exercida" (Pénot, 1992, p. 23).

Essa é a nova explicação que Freud encontra para o funcionamento do ego no psicótico. Ocorre uma **clivagem do ego**: uma determinada percepção da "realidade exterior" é **rejeitada**. Seu valor é abolido e seu sentido é eliminado da rede simbólica das representações psíquicas. Esse material rejeitado permanece na consciência, porém mantém-se apartado, clivado, do resto do psiquismo. Não faz "conexões" com as outras representações psíquicas, ficando "em suspenso" (Pénot, 1992, capítulo 6). Quando o indivíduo entra em contato com essas representações rejeitadas, é como se ele as estivesse percebendo pela primeira vez, já que elas não estavam inscritas na rede simbólica de seu psiquismo. Por outro lado, elas "já estão lá", pairando em suspenso, desconectadas. É nesse momento que podem ocorrer

---

* Essa observação é minha.

as experiências angustiantes do "déjà vu", do "estranho familiar", do "sinistro" (Freud, 1919) ou da alucinação.

> *Clara me conta que, quando tinha uns quatro anos de idade, não aguentava mais as brigas dos pais. Quando eles discutiam, frequentemente, sua mãe batia nela. Às vezes, ela ia falar qualquer coisa com a mãe e esta, sem que Clara tivesse dado motivo algum, virava-lhe um tapa na cara. Nessa época, Clara teve um sonho que mudou sua vida. Sonhou com um galo vestindo um avental. A partir desse dia, decidiu que podia ser forte como um galo, mas disfarçar seus sentimentos atrás de um avental que lhe fizesse parecer dócil e submissa como uma mulher... Poderia "fingir estar triste pela morte do pai, sem nada sentir"... Esse sonho de Clara também teve outros desdobramentos. A partir dele, ela começou a se masturbar compulsivamente. E esta busca de satisfação autoerótica era sistematicamente acompanhada de autoflagelações físicas. Clara precisava se bater para chegar ao orgasmo. Ela me contou que só interrompeu esta prática três anos antes de nos conhecermos, por ter sofrido uma fratura durante um desses episódios.*
>
> *Parece-me termos encontrado, no relato desse sonho e dos primeiros anos da vida de Clara, algumas "pistas" das origens da forma de funcionamento psíquico que teria desencadeado a crise que a levou àquela internação onde nos conhecemos.*

Clara descobriu, por meio da observação da relação entre seus pais e desses com ela que sentimentos podiam ferir muito. Podiam doer até na própria carne. Podiam machucá-la mesmo quando eram destinados a outros: era ela quem apanhava quando sua mãe ficava com raiva do marido.

Assim, a forma que Clara engendrou para se proteger foi apartar qualquer afeto penoso de sua consciência. Passou a "posar de galo", vestida em roupa de mulher.

Essa maneira de estar dentro da própria pele, ao mesmo tempo em que lhe permitia resistir às agruras de sua vida afetiva familiar, condensava sua vontade de satisfazer ao desejo de seus pais de ter nascido homem, apesar de seu fenótipo (aspecto) feminino.

Foi a esse mecanismo psíquico que desliga, dessa forma, determinadas representações da consciência, que Freud chamou de **recusa da realidade**. Consiste em uma recusa em reconhecer a realidade de uma **percepção traumatizante**, mantendo, no entanto, um reconhecimento dessa mesma percepção em outra parte da consciência.

A noção de trauma foi tomada (da medicina – traumatismo, efração de tecido) por Freud para designar uma vivência que, no espaço de pouco tempo, traz um tal aumento de excitação à vida psíquica, que sua liquidação ou sua elaboração pelos meios normais e habituais fracassa. O afluxo de excitações é excessivo relativamente à tolerância do aparelho psíquico, quer se trate de um só acontecimento muito violento (emoção forte) ou de um acúmulo de excitações que, ocorridas isoladamente, seriam toleráveis.

A primeira percepção traumatizante que Clara precisava eliminar de sua consciência era a invasão de seu psiquismo por uma enorme quantidade de excitação[35] proveniente de seu contato com a mãe. Claudia, a partir de seu temor de perder outro filho (lembremo-nos que ela abortou sua primeira gestação) e de quase ter perdido Clara ao nascer (por anóxia de parto), "sufocou" suas filhas de cuidados. Não as deixava dormir em um quarto separado do seu, "tinha medo que as filhas morressem durante a noite". Não lhes permitia brincar na rua com as outras crianças. Ficava "grudada" nas filhas o tempo todo, apavorada pela ameaça da morte.

Clara aprendeu muito cedo, portanto, a usar o mecanismo de recusa. Durante seus primeiros anos de vida, ele propiciou-lhe sobreviver psiquicamente aos traumas que a vida foi lhe trazendo. Sua manutenção, enquanto modo de "ler a realidade", abriu, no entanto, o caminho para a formação de mecanismos psicóticos de se relacionar com o mundo. Mostraremos, a seguir, como isso se deu.

---

[35] Essa é a chamada "intromissão pulsional" (Bleichmar, 1993, *apud* Sigal, 2000, p. 229).

6.

TEORIAS PSICANALÍTICAS SOBRE A ESQUIZOFRENIA

Seguimos, até aqui, os passos de Freud em algumas de suas elaborações metapsicológicas sobre as psicoses. Além do que já foi exposto, esses estudos abriram o caminho para a postulação de uma nova tópica do aparelho psíquico, com as instâncias: **id**[1], **ego** e **superego** e outra dualidade pulsional: **pulsão de vida** e **pulsão de morte**[2]. Usando esses novos instrumentos teóricos, pôde refletir a respeito da melancolia, da hipocondria, da paranoia e da esquizofrenia. Em termos nosográficos, isso propiciou uma grande reviravolta.

Com a introdução do conceito de narcisismo, Freud propôs uma divisão do campo das psiconeuroses em **psiconeuroses de transferência** e **neuroses narcísicas**. Estas últimas seriam

---

[1] O **id** passa a ser a única instância constituída por conteúdos inteiramente inconscientes: "a expressão psíquica das pulsões". Ele contém os representantes psíquicos das pulsões, que são "em parte hereditários e inatos e em parte recalcados e adquiridos" (Laplanche & Pontalis, 1986, p. 285).

[2] Trabalharei esses conceitos ao longo dos próximos capítulos.

o produto de uma transformação **econômica**[3] da **libido objetal** em **libido do ego**. O afastamento da realidade seria seu corolário. Constariam, na categoria de neuroses narcísicas, a melancolia e as psicoses (paranoia e esquizofrenia).

Somente em 1924, porém, em seu artigo sobre *Neurose e psicose*, Freud introduz a distinção estrutural entre neuroses e psicoses: "a neurose é o resultado de um conflito entre o ego e o id, ao passo que a psicose é o desfecho análogo de um distúrbio semelhante nas relações entre o ego e o mundo externo".

A partir deste momento, aparece uma nova distribuição. A melancolia passa a ser a única neurose narcísica. As outras patologias anteriormente reunidas nessa categoria vão ser chamadas de psicoses.

O mais importante, porém, no que concerne ao objetivo do presente estudo, diz respeito às contribuições que as novas teorizações trouxeram à compreensão da esquizofrenia. Vamos a elas.

Trabalhando no "caso Schreber", Freud começou a tentar uma compreensão da esquizofrenia. Para esta, existiria "o mesmo aspecto principal – desligamento da libido, juntamente com sua regressão para o ego" da paranoia. Essas patologias teriam, porém, uma "fixação disposicional diferentemente localizada" e usariam um mecanismo diverso para a formação de sintomas.

"O prognóstico [na esquizofrenia], em geral, é mais desfavorável do que na paranoia. A vitória fica com a reconstrução.

---

[3] Entende-se, em psicanálise, por economia psíquica tudo aquilo que se refere à circulação e divisão da energia pulsional entre os diversos sistemas e instâncias do aparelho psíquico.

A regressão estende-se não simplesmente ao narcisismo (manifestando-se sob a forma de megalomania), mas a um completo abandono do amor objetal e um retorno ao autoerotismo infantil. A fixação disposicional deve, portanto, achar-se situada mais atrás do que na paranoia, e residir em algum lugar no início do curso do desenvolvimento entre o autoerotismo e o amor objetal" (capítulo III).

> *Encontramos, a partir dessas teorizações, uma possível explicação para as masturbações compulsivas, acompanhadas de autoflagelações de Clara. Podemos supor, agora, que ela apresentou uma fixação na etapa autoerótica sádico anal.*
>
> *A constante participação nas brigas de seus pais tornou-se uma vivência **traumática** para Clara. Somava-se a isso a "proposta narcisista" que sua mãe lhe fazia, ao mantê-la "grudada" a si. Perante a impossibilidade que esses fatos lhe impunham de continuar seu desenvolvimento psíquico em direção à fase genital, ela sofreu uma **regressão** ao ponto de fixação onde ela teria obtido maior satisfação[4]. Concluímos, usando o referencial teórico até aqui exposto, que ela não apresentava a condição de fazer uma escolha unificada de objeto. Seu ego não estaria, portanto, naquele momento, integrado. Seu psiquismo estaria funcionando sob a égide da fase autoerótica, onde a vivência é a de um corpo fragmentado. Não reconheceria seu corpo como um todo.*

---

[4] Essa é uma das interpretações possíveis para esses "sintomas" de Clara.

Devido à prematuridade biológica do ser humano, no início de seu desenvolvimento, ele ainda não possui um sistema neurológico capaz de indicar-lhe sua integridade física. Sua percepção do próprio corpo é constituída por sensações desintegradas, geradas por estímulos dos diferentes órgãos ou partes de seu organismo, que ele não percebe como um todo. Essas partes do corpo, uma vez erogenizadas, investidas libidinalmente, passam a se constituir nas zonas erógenas. É delas que emanarão aquilo a que Freud denominou pulsões parciais.

Cabe à mãe, ou ao seu substituto na função materna, erogenizar o corpo do filho, indicar-lhe que seu corpo é passível de um investimento libidinal. O prazer, por exemplo, que uma mãe tem ao amamentar seu bebê libidiniza, para este, sua boca. A região oral transforma-se, dessa forma, em zona erógena e fonte da pulsão oral.

Será também a mãe aquela que terá a função de ajudar seu filho a integrar essas vivências fragmentárias em uma imagem unificada de si mesmo[5]. Só então, essa pessoa passaria a ter uma percepção de seu corpo como um todo e constituir-se enquanto um "eu": ter um ego.

Clara vivia ameaçada de perder sua identidade. Tivemos oportunidade de ler em seu diário, nos trechos que transcrevi acima, o efeito dessa desintegração. Além disso, durante muito tempo, Clara ligava-me diariamente para

---

[5] Fase do espelho de Lacan. (Pommier, 1983, p. 18 e Dor, 1989, capítulo 12).

obter uma confirmação de que ela não estaria "frag-
mentada". Se um colega de trabalho dizia que ela estava
com aspecto cansado, ela se desesperava, achando que o
colega percebera que ela estaria se "desmanchando". Se o
namorado lhe sugeria fazer ginástica, ela acreditava que
ele estava insinuando que seu corpo estava ruim. Ficava,
então, horas diante do espelho, sem conseguir se convencer
de que "tudo estava no devido lugar". Não sabia o que
queria ou porque fazia tal ou qual atividade em sua vida.
Ia "levando" os cuidados próprios, o trabalho, o namoro,
tudo que se lhe oferecia ou o que alguém lhe dizia que ela
tinha que fazer...

O surgimento de um ego integrado ocorre na passagem do autoerotismo ao amor objetal. Essa é a chamada **fase narcísica**. A "nova ação psíquica" que provoca o advento do narcisismo é o mecanismo de **identificação** (Freud, 1914).

Os pais atribuem ao filho ("Sua Majestade, o Bebê") todas as qualidades e virtudes que eles gostariam de ter, fruto da revivescência de seu próprio narcisismo. Essa idealização – absolutamente necessária para a constituição do psiquismo humano – feita pelos pais com relação ao seu filho, possibilita-lhe sua primeira identificação[6].

---

[6] Chamamos de **identificação** ao processo "pelo qual um indivíduo assimila um aspecto, uma propriedade, um atributo do outro e se transforma total ou parcialmente, segundo o modelo dessa pessoa. A personalidade constitui-se e diferencia-se por uma série de identificações" (Laplanche & Pontalis, 1986, p. 295).

Os pais idealizam uma imagem para seu filho com a qual este pode vir a se identificar. Essa imagem propicia à criança a visualização antecipada de um corpo unificado. Ela passa a ter a ilusão de ser aquilo que os pais gostariam que ela fosse: uma pessoa "inteira", com as qualidades que eles lhe atribuem. A criança forma, assim, seu **ego ideal**.

Esse ego será, porém, gravemente "sacudido" em seu narcisismo e em sua onipotência pelas frustrações e proibições (castração) com as quais irá se deparar ao longo de sua vida. Impedido de manter-se nessa posição idealizada, o indivíduo posterga o alcance e a realização desses ideais. Surge, dessa maneira, o **ideal de ego**. A partir desse ideal projetado para o futuro, o ser humano encontra a razão para viver. Ele passa a mover-se em direção à realização de seus ideais. O ideal de ego "abre as portas para a mobilidade do desejo" (Freire, 1998a).

O ideal de ego herda, portanto, o narcisismo perdido na infância e a marca da castração, tornando-se, assim, o protótipo do **superego**. Este tem a função de comparar o ego atual com o ideal de ego, mostrando ao primeiro suas falhas e o caminho a ser percorrido para atingir a perfeição idealizada.

Para Clara, não houve uma "proposta consistente" de um ego ideal que, mais tarde, pudesse servir de suporte ao seu ideal de ego. Seus pais, feridos em seu próprio narcisismo pela perda de um "filho homem" tão desejado, não conseguiram investir Clara da necessária áurea de "sua majestade o bebê". Ela veio mal remediar aquele "buraco" deixado pelo irmão morto. Sua presença parecia, em muitos momentos, servir apenas para lembrar aos pais daquela ausência. Clara conta que sempre ouvia a mãe dizer que ela era uma "pessoa sem persistência na vida". Qualquer fato ou ato que denotasse a existência de vida própria em Clara era imediatamente castigada. Ela não podia expressar desejos ou sentimentos. Era proibida de sair à rua, brincar com outras crianças. Se tentava falar com a mãe sem que esta tivesse lhe dirigido a palavra, levava uma bofetada. Se quebrava algum objeto que pegava (aos quatro ou cinco anos de idade), era taxada de "desastrada e incapaz".

Durante grande parte do início de sua análise, Clara me ligava para perguntar se podia desejar. Lia anúncios de excursões no jornal e ficava me perguntando se "isto poderia, algum dia, servir para ela". Queria saber se tinha direito a escolher tal ou qual caminho, que se lhe abria pela frente. Ficava completamente perdida quando a vida lhe trazia possibilidade de optar entre diferentes alternativas. Se tinha de escolher entre ir ao cinema com uma amiga ou receber a visita do filho, por exemplo, quase entrava em pânico.

A perfeição que os pais de Clara idealizaram para ela propunha-lhe uma vida de "zumbi"[7]. *Ela deveria viver a*

---

[7] Pénot 1992, em seu livro sobre as *Figuras da recusa* aponta, em diversos momentos, para esse tipo de manifestação. A recusa de um ou de ambos os progenitores com relação a determinado fato da realidade pode aparecer por meio de sintoma(s) em seu filho. No presente caso, a impossibilidade dos pais fazerem o devido luto

vida de um morto. Precisava colmatar os desejos dos pais de terem um filho do sexo masculino, sem deixar "rastros" de qualquer singularidade própria. Era, portanto, um ideal inatingível... Clara estava fadada a permanecer irremediavelmente aquém desse ideal, mantendo, dessa forma, seu superego permanentemente a criticá-la. Isso explica os "distúrbios do conteúdo do pensamento" de Clara, que descrevemos nos primeiros capítulos desse livro.

Distúrbios do conteúdo do pensamento, na concepção psicanalítica

O **superego** dá ao ser humano a noção dos limites: do próprio indivíduo; da família; da sociedade e da cultura na qual ele está inserido. Costumamos chamar a isso de "nossa consciência". Ele também explica a gênese de delírios e alucinações persecutórios.

"O reconhecimento desse agente [o superego] nos permite compreender os chamados 'delírios de sermos notados' ou, mais corretamente, de sermos *vigiados,* que constituem sintomas tão marcantes nas doenças paranoides, podendo também ocorrer como uma forma isolada de doença, ou intercalados numa neurose de transferência. Pacientes desse tipo

---

pelo filho morto, substituindo-o por Clara, fez com que a vida desta se transformasse na encenação constante da presença da morte. Agradeço a Renata Caiaffa essa observação.

queixam-se de que todos os seus pensamentos são conhecidos e suas ações vigiadas e supervisionadas; eles são informados sobre o funcionamento desse agente por vozes que caracteristicamente lhes falam na terceira pessoa ('Agora ela está pensando nisso de novo', 'Agora ele está saindo'). Essa queixa é justificada; ela descreve a verdade. Um poder dessa espécie, que vigia, que descobre e que critica todas as nossas intenções, existe realmente. Na realidade, existe em cada um de nós em nossa vida normal.

Os delírios de estar sendo vigiado apresentam esse poder numa forma regressiva, revelando assim sua gênese e a razão por que o paciente fica revoltado contra ele, pois o que induziu o indivíduo a formar um ideal do ego, em nome do qual sua consciência atua como vigia, surgiu da influência crítica de seus pais (transmitida a ele por intermédio da voz), aos quais vieram juntar-se, à medida que o tempo passou, aqueles que o educaram e lhe ensinaram, a inumerável e indefinível coorte de todas as outras pessoas de seu ambiente – seus semelhantes – e a opinião pública" (Freud, 1914).

> *Podemos, agora, entender a origem dos delírios nos quais Clara sentia-se vigiada e perseguida. Ela "se perseguia" por ficar sempre aquém do ideal que seus pais tinham preconizado para ela: nunca conseguia ser homem ou o filho que seus pais tinham perdido...*
> *Além disso, Clara foi, na realidade, intensamente vigiada por seus pais, principalmente por sua mãe, em*

*seus primeiros anos de vida. Traumatizada pela perda
do primeiro filho, devido ao aborto que sofrera, Claudia
"perseguia" Clara de cuidados extremos. Lembremo-nos
do fato, por exemplo, que ela foi obrigada a dormir no
quarto dos pais até a idade de sete anos. Sua mãe temia
que ela pudesse chorar no meio da noite sem ser ouvida.
Dessa forma, Claudia podia verificar, várias vezes durante
a noite, se Clara continuava respirando...*

Por meio desse tipo de entendimento é que podemos perceber
a contribuição da psicanálise à observação fenomenológica psiquiátrica. Além de observar os sintomas, a psicanálise busca
uma compreensão de sua origem a partir de uma teoria da constituição psíquica humana em geral e da história de vida daquele
sujeito em particular.

Usando esse método, Freud também se propôs a entender
outros "distúrbios" observáveis na esquizofrenia.

Distúrbios do curso do pensamento, na concepção psicanalítica

*Conheci Clara em uma clínica psiquiátrica para onde
fora encaminhada pelo médico que cuidava dela, na
época.*

*Nossos primeiros encontros foram marcados pela ten-
tativa, de ambas as partes (minha e dela), de nos fazermos*

entender. Entremeadas de longos silêncios, algumas frases esboçavam um início de relação entre nós.

– "Estou sem roupa..."

– Como assim?

– "Filipa levou minhas roupas".

– Quem é Filipa?

– "Minha irmã".

– Porque ela levou suas roupas?

– "Para lavar".

– Ela está lavando suas roupas?"

– "A Cida quebrou a maquina".

– Sua empregada quebrou sua máquina de lavar roupas, sua irmã está levando suas roupas para lavar na casa dela e não as está trazendo de volta?

– "Ela dá prioridade a Beto e a Vânia".

– Quem são Beto e Vânia?

– "Os filhos dela".

– Sua irmã não traz suas roupas a tempo por ter de cuidar primeiro dos próprios filhos?

– "Filipa faz os pratos deles até hoje".

– Que idade eles têm?

– "Beto está com 21 e Vânia com 19".

– Você acredita que eles já são grandes o suficiente para prescindirem dos cuidados maternos?

– "Meu pai dizia que ia sair. Minha mãe respondia que, se ele saísse, ela ia bater em nós. Ele saía e nós apanhávamos..."

Este "jogo de adivinhação" deu-se ao longo de várias semanas, a princípio, na clínica onde ela estava internada e, depois, em nossos três encontros semanais, em meu consultório ou nos telefonemas (diários) de Clara.

Eu ficava na dúvida se Clara esperava que eu "já soubesse" o que ela pensava e a quem se referia quando me contava coisas de sua vida ou se ela acreditava que eu pudesse "ler" ou "ouvir" seus pensamentos.

O primeiro aprendizado em psicanálise, para a prática clínica, é a arte da escuta. Ela nos permite descobrir a verdade do sujeito que nos fala.

"Escutar uma pessoa [...] exige que se tenha em mente que, apesar de estarmos frente a um nosso semelhante, estamos sempre, também, frente a um diferente: um indivíduo com características próprias e peculiaridades exclusivas.

Escutar não é uma tarefa tão fácil quanto pode parecer, à primeira vista. Ouvir palavras repletas de dor, angústia ou sem nexo aparente, pode vir a ser um trabalho muito árduo, principalmente, se nos propomos a não fazer juízos críticos e a tentar desvendar o material inconsciente que se encontra por trás do discurso explícito daquele que nos demanda ajuda"[8] (Sterian, 2000).

---

[8] Para maiores detalhes sobre o conceito de **escuta**, ver o livro *Emergências psiquiátricas*, de minha autoria, nessa mesma coleção.

Essa tarefa torna-se mais complexa ainda quando nos dedicamos a escutar alguém que se expressa de uma forma tão diferente daquela à qual estamos acostumados. A maneira corriqueira de nos comunicarmos implica uma série de normas e parâmetros preestabelecidos socialmente. Aprendemos, primeiro em nosso meio familiar e, depois, na escola e em nossa vida social, a receber e a transmitir determinadas informações a partir de certos códigos de linguagem.

O psiquismo humano não "nasce pronto". Ele é constituído na relação da criança com sua mãe (ou seu representante nos cuidados maternos imprescindíveis ao bebê). É nos cuidados oferecidos pela mãe, nos primeiros anos de vida de seu filho, que são transmitidas as informações essenciais para que ele se transforme de um ser indefeso e dependente em um indivíduo autônomo.

A capacidade de discernir a realidade externa da interna não é inata no ser humano. O bebê sente fome e vem um seio saciá-lo. Ele não "sabe" que existe uma mãe que está atenta a suas necessidades e que "providencia" que ele não sinta desconforto. É na descontinuidade destes cuidados, na falta da prontidão ao atendimento de suas necessidades, que ele vai ser obrigado a "descobrir" que existe uma outra pessoa além dele mesmo. A partir daí, de início chorando e, mais tarde, falando, a criança aprende a se comunicar para lidar com sua realidade interna e externa.

Quem oferece à criança, portanto, os primeiros parâmetros para seu sistema de comunicação é a mãe que reconhece o que ele pede através da qualidade de seu choro e nomeia para ele seu pedido: "Está com *fome*, filho?"; "Coitadinho, está todo molhado, deve estar com *frio!*" ou "Sentiu *saudades* da mamãe? Quer *colo?*"

Quando dizemos que a mãe nomeia as necessidades que percebe em seu filho, estamos falando da condição que ela lhe propicia de **simbolizar** as sensações que despontam nele. Aquilo que, até então, era da pura ordem do somático, pode passar ao estatuto do humano: ligar-se a palavras, para poder ficar contido no interior do psiquismo.

As excitações geradas pelo organismo (**fonte da pulsão**) que, inicialmente, tendem à descarga imediata pela via motora: choros, expressões físicas de incômodo, passam a poder encontrar uma satisfação (**alvo da pulsão**)[9]. A fome e o frio que causavam desconforto pela pura necessidade do corpo e pela ameaça de falência orgânica transformam-se em desejo de satisfação das necessidades físicas imbricado ao desejo de cuidados, de amparo e de amor. Essa é a chamada **erotização** que a mãe produz no corpo e no psiquismo de seu filho. Essa função é essencial à transformação do pequeno ser, recém-nascido, de mero amálgama de necessidades orgânicas em um ser humano cujo corpo se torna, a partir daí, suporte das pulsões e do desejo (Freud, 1950 [1895]).

Antes mesmo de recebê-los, o bebê escuta a voz da mãe enunciando suas necessidades. Isto lhe permite aguardar um

---

[9] Retomarei a questão dos componentes da pulsão no próximo capítulo.

certo tempo pela saciedade de sua demanda. Ao ouvi-la, ele para de chorar, mesmo sem ter sido ainda alimentado ou aquecido. Essa condição que o bebê adquire de adiar a saciedade das exigências de seu corpo deve-se à possibilidade, que, a esta altura, seu psiquismo já conseguiu constituir, de ligar a **pulsão** a um **objeto**[10]. A percepção[11] desse objeto passa a lembrar para ele, então, a promessa de uma satisfação próxima.

Toda vez que a criança escuta a voz da mãe ou algum outro sinal de sua chegada, ela já "imagina" a satisfação que está por vir (**vivência de satisfação**). É dessa forma que o ser humano começa a constituir sua memória. Percepções provindas do interior e do exterior de seu organismo vão deixando marcas (**traços mnêmicos**). Ao se conectarem a outros traços, investidos pela excitação correspondente, vão formando uma rede de "lembranças" (**representações**) que o auxiliam a suportar o adiamento da descarga de suas sensações de desprazer. De início, esses **representantes psíquicos da pulsão** são constituídos por imagens (**representação da coisa**). À medida que a mãe vai nomeando essas percepções para a criança, ela pode passar a ligá-las, em seu psiquismo, a palavras (**representação de palavra**).

---

[10] Refiro-me, aqui, ao objeto da pulsão, que pode ser uma pessoa, um objeto parcial, um objeto real ou um objeto fantasmático. Nessa etapa da constituição psíquica, à qual me reporto, trata-se de um objeto parcial: partes do corpo ou de seus produtos: seio, fezes, pênis, voz, olhar, tato, cheiro...

[11] O bebê, de início, alucina o objeto, como forma de aguentar a espera da satisfação de sua pulsão. Tratarei dessa questão no item "Distúrbios da sensopercepção, na concepção psicanalítica".

Esses vocábulos permitem transformar aquelas percepções em seus símbolos: as palavras. A aquisição dessa capacidade de **simbolização** lhe permitirá, mais tarde, dizer: "Mãe, estou com fome!", sem precisar esperar que alguém "adivinhe" suas demandas, correndo o risco de elas serem mal interpretadas e de seu desprazer ser prolongado. Mas, isso só se dará se essa criança houver tido a possibilidade de aprender que aquilo que sente em seu corpo chama-se fome.

Se, nesse período em que ela tem de ajudar o filho a constituir seu psiquismo, a mãe encontra-se mobilizada por questões mal elaboradas de sua própria vida (atuais ou antigas), sua capacidade de percepção e reconhecimento das necessidades do filho fica distorcida. Essa criança vai aprender a se comunicar com este mesmo discurso incoerente ou anacrônico. Discurso refere-se, aqui, não apenas ao verbal, mas a todo um conjunto de significações que o designam e o situam.

E essa "rejeição da realidade, em suas diversas modalidades clínicas, parece ter suas raízes na herança de uma dificuldade em dar sentido, que se conjugaria ao passado anterior, em 'anterioridade' a toda história individual. De sorte que o real não seria apreensível por cada um, e não poderia representar alguma coisa, senão através das primeiras figuras parentais, e do 'discurso' do qual estas são o suporte originário" (Pénot, 1992, p. 9).

Foi dessa forma, distorcida e anacrônica, que Claudia cuidou de Clara. Não "desgrudava" dela um segundo.

Temia que ela morresse, como seu primeiro filho. Então, não permitia que ela vivesse nenhum risco, nenhuma falta. Clara não precisava chorar para ser alimentada ou aquecida. Claudia se antecipava a toda e qualquer necessidade da filha. Em consequência disso, ela só aprendeu a falar com mais de três anos de idade... E, apreender o sentido das palavras, para Clara, não foi prazeroso. Elas continham uma grande quantidade de afetos penosos que Claudia vivia naquela época. Eram palavras repletas de dor, de tristeza, de raiva e de desamparo. Refletiam o luto mal elaborado pelo filho perdido, a culpa por esta morte, o desconsolo por não ter podido gerar um filho do sexo masculino e o rancor por ser preterida pelo marido em relação a sua boemia. O próprio cuidado pela preservação da vida que Claudia oferecia a Clara expressava a presença constante e ameaçadora da morte.

Símbolos da vida ficaram, assim, marcados para Clara pelo estigma da morte. Foi isso que ressurgiu em cena por ocasião de sua suspeita de gravidez. Feliz por acreditar que estava gerando uma vida em seu ventre, Clara foi compartilhar essa alegria com seu companheiro. Flávio, disse-lhe que a presença dessa gravidez podia significar a morte da relação entre eles. Ele suscitava, com isso, o retorno da associação que Claudia introduziu no psiquismo de Clara, entre vida e morte.

Quando Clara foi levada para a casa de repouso onde sua mãe veio a falecer, essa associação foi novamente reforçada. Ambas haviam sido colocadas naquela instituição para serem cuidadas. Cuidados, na cabeça de Clara, estavam, porém, ligados à morte. Sua mãe veio a falecer nessa clínica. Foi exatamente isto que se apresentou a Clara nas alucinações que teve naquela ocasião. "As enfermeiras punham capacetes nos velhinhos, à noite, para serem executados". As pessoas designadas pela clínica para tratar dos internos eram seus algozes.

Junto com tudo isso, Clara "viu", no lado de fora da clínica, que seu filho, ao tentar salvá-la, foi queimado pelas crianças do prédio em que ela morava. Essa alucinação encenava a perda da última possibilidade de salvação que ela ainda pudesse ter. A gestação desse filho foi o meio que Clara encontrou para tentar engendrar uma distinção da mãe. Foi uma separação planejada no **real**[12]*, servindo-se de atos e objetos da realidade. Tentou interpor à simbiose, que a mãe lhe propôs, um corpo gerado em seu próprio ventre. Um outro corpo para separar dois corpos "grudados". Foi o corpo desse filho que Clara "viu" sendo queimado. "Queimava-se" ali sua tentativa de viver em um corpo próprio. O recurso que ela forjara para distinguir-se do ideal "zumbi" que lhe foi oferecido como modelo de vida estava sendo queimado. As crianças de seus vizinhos, que ela tanto invejava por poderem morar com suas mães,*

---

[12] Aludo aqui ao conceito de **real** na obra de Lacan: "domínio que subsiste fora da simbolização" (Laplanche & Pontalis, 1986, p. 575.).

*estavam se vingando dessa inveja, matando o filho que
Clara não pudera criar. Foi nesse momento que ela "sentiu
que estava enlouquecendo"...*

Vimos como a psicanálise contribui para a compreensão de
alguns "fenômenos" que ocorrem na esquizofrenia. As alterações
linguagem, outro dos "distúrbios" observados na esquizofrenia,
adquire novo sentido, a partir do entendimento psicanalítico.
Vejamos como isso se dá.

Distúrbios da linguagem, na concepção psicanalítica

Corroborando a observação psiquiátrica, a psicanálise
também nota a ocorrência de um "grande número de modificações na *fala*" dos esquizofrênicos, onde "frequentemente, o
paciente devota especial cuidado a sua maneira de se expressar,
que se torna 'afetada' e 'preciosa'. A construção de suas frases
passa por uma desorganização peculiar, que as torna incompreensíveis para nós, a ponto de suas observações parecerem
disparatadas" (Freud, 1915, capítulo VII).

Freud, no entanto, não se deteve na mera observação.
Procurou entender o que poderia provocar tais distúrbios.
Ele levanta a hipótese de que, "na esquizofrenia, as *palavras*
estão sujeitas a um processo igual ao que interpreta as imagens
oníricas dos pensamentos oníricos latentes – que chamamos

de processo psíquico primário. Passam por uma condensação e, por meio de deslocamento, transferem integralmente suas **catexias**[13] de umas para as outras. O processo pode ir tão longe, que uma única palavra, se for especialmente adequada devido a suas numerosas conexões, assume a representação de todo um encadeamento de pensamento" (Idem; *Op. cit.*).

> *Usando essa explicação, podemos tentar entender algumas das falas de Clara.*
>
> *A frase: "Caciferrou ficar com o velho", por exemplo, relatada no início do segundo capítulo desse livro, condensa uma série de representações. Encontramos, nela, as representações do namorado e do pai de Clara condensadas na palavra "velho", assim como a ideia de algo antigo: seu afeto pelo pai deslocado para o namorado. Na palavra "cacife", acha-se a representação da vivência de traição – Caci seria a suposta rival amorosa de Clara. Esse fonema também evidencia o descontentamento de Clara com relação ao seu namorado: "ela poderia estar dando muito cacife ao Flávio". "Ferrou" pode significar simultaneamente: "decidiu, fincou pé"; "penetrou" ou "danificou, prejudicou". Este último possível sentido não foi trabalhado naquela sessão, mas apareceu reiteradas vezes ao longo da análise de Clara. Ela se sentia muito prejudicada por Flávio. Achava que tomara*

---

[13] O termo **catexia** refere-se ao conceito econômico de **investimento libidinal**: determinada quantidade de energia psíquica, que investe uma representação ou um grupo de representações.

> *uma decisão errada ao trocar um namorado jovem, que era muito atencioso e satisfazia-a sexualmente, por um mais velho, alcoólatra, que tinha períodos de impotência sexual. Acreditava, também, que Flávio a "punha para baixo" por viver criticando-a. Nunca lhe fazia um elogio ou dava mostras de apreciar sua companhia. Ficava comparando-a à ex-mulher, à qual atribuía todas as qualidades que ele gostaria que Clara tivesse... da mesma forma que Claudia esperava que Clara substituísse o filho morto!*

Vimos a hipótese freudiana quanto à origem dos distúrbios da linguagem no esquizofrênico. Resta-nos, agora, saber por que esses indivíduos teriam, enquanto despertos, sua linguagem regida pelo processo primário, como acontece a qualquer um quando sonha.

No artigo sobre *O inconsciente*, cujo trecho foi citado acima, Freud postula a existência de dois diferentes tipos de registros psíquicos das percepções[14]. A primeira **representação**[15] **da coisa** que percebemos consiste no investimento, "se não das imagens diretas da memória da coisa, pelo menos de traços de memória mais remotos derivados delas". Esta representação fica registrada no sistema inconsciente e só pode tornar-se consciente

---

[14] Essa, na verdade, não é uma ideia nova em Freud. Ele apenas retoma, aqui, sua teoria da constituição do psiquismo construída em 1891, quando tentava compreender a origem das afasias.

[15] Optei por trocar o termo "apresentação", existente originalmente na tradução desse texto, que ora transcrevo, pela palavra "representação", cujo uso é mais frequente na terminologia psicanalítica brasileira atual.

se é ligada a sua **representação de palavra**. Não temos como pensar ou falar a respeito de algo que vimos ou sentimos se essas coisas não puderem ser representadas (simbolizadas) por palavras. A palavra passa a ser o símbolo da coisa.

"A representação consciente abrange a representação da coisa mais a representação da palavra que pertence a ela, ao passo que a representação inconsciente é a representação da coisa apenas". É essa ligação entre a representação da coisa com a representação da palavra que provoca "uma organização psíquica mais elevada, possibilitando que o processo primário seja sucedido pelo processo secundário" (Freud, 1915, capítulo VII).

O que se daria no esquizofrênico seria uma substituição da representação de coisa pela representação de palavra. "Se perguntarmos o que é que empresta o caráter de estranheza à formação substitutiva e ao sintoma na esquizofrenia, compreenderemos finalmente que é a predominância do que tem a ver com as palavras sobre o que tem que ver com as coisas", diz Freud. As palavras do indivíduo em estado esquizofrênico não remetem ao símbolo de alguma coisa. São as coisas em si. A simbolização está prejudicada.

> *Os vizinhos disseram que Flávio estava saindo com outra pessoa: "Caci ferrou ficar com o velho". Não havia simbolização (ligação a outras palavras) possível para Clara. As vozes que ela escutou referiam-se diretamente à coisa. Caci era, mesmo, a outra. Flávio era "o velho". As vozes provinham, efetivamente, de seus vizinhos. Clara não tinha*

*a menor dúvida da veracidade do que se apresentava para
ela como um fato consumado. A coisa toda era tão sólida
quanto o ferro...*

*Foi só por intermédio da análise que Clara conseguiu fazer
outras ligações, conectar essas coisas a novas palavras.
Inserir essas representações da coisa em uma cadeia simbólica, onde uma palavra pode representar outra coisa.
Onde uma palavra não é a coisa em si mesma.*

Essas novas postulações teóricas explicam, portanto, o que leva uma pessoa a estar acordada como se estivesse sonhando. A viver "em estado de sonho", acreditando que seu sonho é a única realidade. Seu funcionamento psíquico está regido pelo processo primário. A ligação das representações de coisa de determinados objetos da realidade a palavras encontra-se impossibilitada. Sua simbolização e, em consequência, seu acesso à forma de funcionamento de "uma organização psíquica mais elevada" – o processo secundário – está impedida. O desligamento de certos "pedaços da realidade" da cadeia associativa provoca efrações no "tecido psíquico". O pensamento e a linguagem do esquizofrênico apresentam-se, então, como um quebra-cabeça incompleto. Faltam peças que possam dar uma noção da continuidade e da totalidade da figura que aquelas ideias ou palavras deveriam representar. Elas não remetem a coisa alguma, não se ligam a nada: *não dizem coisa com coisa*. Ficam "incompreensíveis" e nos parecem "disparatadas".

Existe, porém, uma "diferença essencial entre a elaboração de sonhos e a esquizofrenia", nos ensina Freud, em seu *Suplemento metapsicológico à teoria dos sonhos*. Nos sonhos, o que muda "não são as palavras, mas a representação da coisa à qual as palavras foram levadas de volta. Nos sonhos há uma regressão topográfica".

As ideias latentes do sonho se manifestam por meio de imagens. Estas apresentam-se ao indivíduo que está sonhando para indicar-lhe o caminho que seu psiquismo realizou no recalque de suas pulsões. Tenta, com isso, abrir a possibilidade para a elaboração do material recalcado: mudar "a representação da coisa à qual as palavras foram levadas de volta", no sonho.

As imagens oníricas contêm as marcas de memória deixadas pelos restos das vivências pelas quais o sujeito passou no dia anterior ao sonho (**restos diurnos**). São, portanto, marcas de memória de experiências conscientes ou pré-conscientes do sujeito. Trata-se de registros de percepções que ocorreram sob a égide do processo secundário. Estes restos aparecem, porém, no sonho por estarem mais investidos libidinalmente do que o restante do material psíquico deixado pela experiência do dia anterior. São marcas "mais significativas" para aquele determinado sujeito. Elas remetem a representações que já se encontravam no inconsciente (representações de coisa, portanto), cuja carga libidinal também é muito intensa. As marcas dos restos diurnos são "mais significativas", justamente porque "dizem algo" a respeito de coisas já existentes no inconsciente daquele sujeito. Algo a respeito de outras marcas altamente investidas. Estas outras marcas são representações que buscam uma descarga, uma drenagem para um excesso de energia a elas ligado. As representações de coisa, dessa forma catexizadas, são os representantes das pulsões, no inconsciente. Essa comunicação de representações do sistema consciente/pré-consciente (os restos diurnos) com o sistema inconsciente (os representantes pulsionais) é a "regressão topográfica" que ocorre nos sonhos.

Na esquizofrenia, "o que é modificação pelo processo primário são as próprias palavras. Nos sonhos existe livre comunicação entre catexias da palavra (pré-consciente) e catexias da coisa (inconsciente), enquanto é uma característica da esquizofrenia que essa comunicação seja interrompida" (Freud, 1916 [1915]).

No estado de desagregação da esquizofrenia, a ligação entre a representação de coisa e a representação de palavra está impedida. As palavras passam a ocupar o lugar das representações de coisa. Aquilo que se apresenta ao observador como uma predominância do investimento da representação de palavra em detrimento do investimento sobre a representação da coisa "não passa de uma tentativa de recuperação ou de cura".

"Quanto à esquizofrenia", explica Freud, em seu estudo sobre *O inconsciente*, "devemos indagar se o processo denominado aqui repressão tem alguma coisa em comum com a repressão que se verifica nas neuroses de transferência". No caso da demência precoce e outras doenças narcisistas, "a fórmula segundo a qual a repressão é um processo que ocorre entre os sistemas consciente e inconsciente, resultando em manter algo à distância da consciência, deve ser modificada". Na esquizofrenia, "a fuga do ego" (a rejeição da realidade) é muito "mais radical e profunda".

A rejeição da realidade, na esquizofrenia, é tão radical que provoca um *desinvestimento da representação inconsciente do objeto. As tentativas de cura,* pensa Freud, *seriam "dirigidas para a recuperação do objeto perdido* [rejeitado]*, e pode ser que, para alcançar esse propósito, enveredem por um caminho que conduz ao objeto através de sua parte verbal, vendo-se então obrigadas a se contentar com palavras em vez de coisas". E conclui propondo "uma caracterização da modalidade de pensamento do esquizofrênico dizendo que ele trata as coisas concretas como se fossem abstratas" (Freud, 1915, capítulo VII).

O esquizofrênico tentaria restituir o investimento e a comunicação com a representação de coisa do objeto da realidade rejeitado por meio de representações de palavras que poderiam se ligar a essa representação da coisa rejeitada.

As palavras teriam, na esquizofrenia, a mesma função, em sentido inverso, dos restos diurnos, no sonho. Os restos diurnos propiciam a abertura de um "canal de drenagem" para o excesso de energia represado no inconsciente, presente nos representantes pulsionais recalcados. As palavras do esquizofrênico, que nomeiam "as coisas concretas como se fossem abstratas",

---

* Essa observação e esses grifos são meus.

serviriam para abrir o caminho para comunicação da percepção (função do sistema consciente) do material rejeitado da realidade, com o restante do psiquismo. Seria uma tentativa de possibilitar a ligação da representação do fragmento de realidade rejeitado com as representações inconscientes de coisa. Esse objeto rejeitado, por ser altamente investido libidinalmente, poderia, assim, ser "armazenado" no inconsciente, junto aos outros representantes pulsionais. Dessa forma, as palavras poderiam ficar "livres" para serem tratadas apenas como coisas abstratas: símbolos daquilo que representam. Não precisariam mais ficarem sobrecarregadas com o peso do concreto.

Vimos, em vários trechos do relato de meu trabalho com Clara, exemplos dessa forma de "tratar as coisas concretas como se fossem abstratas".

Durante meses, Clara identificava os olhares que qualquer um lhe dirigisse com a "paquera".

Se o namorado não "mandava um beijo" antes de desligar o telefone, ao fim de uma conversa, ela entendia que ele estava "brigado" com ela.

Clara precisava sentir-se livre, autônoma e independente da mãe. A separação que ela precisava fazer de Claudia era de ordem abstrata. No entanto, o que Clara conseguiu foi fazer uma tentativa de autonomização por meio de algo concreto: ficar grávida.

Sabemos que uma das saídas do complexo de Édipo, para a mulher, é o advento do desejo por um filho. Esse desejo é efeito de deslocamentos na cadeia da equivalência simbólica fezes-falo-filho (Freud, 1933). Para uma constituição psíquica "normal" da feminilidade, trata-se, no entanto, de um desejo cujas determinações permanecem no inconsciente. No funcionamento psicótico, porém, é justamente o livre escoamento dos investimentos entre as representações que se encontra impedido. Não há possibilidade de uma representação remeter à outra, simbolizar outra. Não estamos, por exemplo, acostumados a ouvir uma pessoa dizer: "vou engravidar para separar-me de minha mãe", apesar de ser exatamente isso que se passa no nível inconsciente. Não é impressionante a "lucidez" à qual pode chegar uma pessoa em estado de funcionamento psicótico? Voltarei a essas questões nas próximas páginas.

Foi dessa mesma forma que Clara interpretou o grito que sua mãe soltou ao morrer. Era "como se estivesse se livrando de algo. O mesmo grito que Clara deu ao dar a luz a seu filho". O som "era" a separação: o nascimento e a morte.

Segundo o momento da evolução da teoria freudiana das psicoses ao qual chegamos no presente escrito, já poderíamos fazer novas hipóteses sobre o funcionamento do psiquismo de Clara. O objeto perdido que Clara estaria tentando recuperar, em sua tentativa de cura seria um sujeito separado de si mesma, que pudesse investi-la libidinalmente. Uma pessoa que não precisasse morrer para separar-se dela. Que não necessitasse de um outro ser, interposto entre elas "no grito", para que a individuação de Clara ocorresse. Alguém que pudesse olhar para Clara, vendo-a como um sujeito pelo qual poderia ter interesse. Uma pessoa que ela pudesse acreditar continuar gostando dela, mesmo desligando o telefone sem mandar um beijo.

Essa interpretação, porém, nos levanta uma questão que se tornou central entre os psicanalistas que continuaram pesquisando a metapsicologia das psicoses depois de Freud e que permanece em discussão até hoje. Tratar-se-ia de uma tentativa de **recuperação** de um objeto perdido ou da tentativa de **constituição** de um objeto que nunca chegou a existir enquanto tal?

A proposta implícita, no texto de Freud sobre *O inconsciente*, cujo trecho acabo de citar, é que na psicose a rejeição incide sobre a realidade, ou melhor, sobre a possibilidade que o indivíduo tem de obter uma representação de coisa a partir da percepção da realidade. Ao rejeitar uma percepção da realidade, o esquizofrênico desinveste, em seu inconsciente, a representação de coisa do objeto (marca mnêmica deixada no inconsciente pela percepção daquela realidade rejeitada). A rejeição atua, portanto, ao nível da **inscrição**[16] da representação de coisa no inconsciente. Esse desinvestimento da representação de coisa se dá por meio de seu desligamento

---

[16] Uma determinada representação só se **inscreve** no psiquismo se ela consegue ligar-se a outras representações.

da rede simbólica. Por ser algo que precisa *ser ignorado* pelo psiquismo, essa percepção é *desvalorizada*, "deixada de lado". Ela não é ligada a outras representações dentro do psiquismo dessa pessoa. A tentativa de cura procura recuperar o valor da percepção rejeitada por meio de representações de palavras que poderiam se ligar a essa representação de coisa desligada da rede simbólica: o "objeto perdido".

Na neurose, o recalque[17] incide sobre o **representante ideativo**[18] de uma pulsão, cuja representação se inscreve no psiquismo. A parte da realidade incompatível com sua permanência na consciência é percebida e "registrada" no psiquismo. A representação da percepção a ser recalcada (o "objeto da realidade") é eliminada da consciência. Existe uma força recalcante que a "empurra" para o inconsciente, desde onde ela também é "puxada", pela atração exercida pelas representações previamente recalcadas[19]. Não ocorre a desvalorização da representação inconsciente desse objeto. Essa representação recalcada fica inscrita no inconsciente e continua investida. A "drenagem" da libido, represada nessa representação

---

[17] Refiro-me, aqui, ao recalcamento secundário.

[18] O representante ideativo corresponde a uma representação ou grupo de representações em que a pulsão se fixa no decurso da história do indivíduo e por intermédio da qual se inscreve no psiquismo (Laplanche & Pontalis, 1986, p. 588). O próprio nome, "representante ideativo" indica tratar-se de representação de ideia, portanto, de palavra.

[19] O primeiro representante pulsional recalcado foi denominado por Freud **recalque originário**. Seria uma falha desse recalcamento originário que propiciaria o surgimento de formações psicóticas. Retomarei essa ideia, adiante.

inconsciente, pode se dar: em direção a fantasias; por meio de sonhos ou provocar sintomas, como a conversão, na histeria e o deslocamento, na neurose obsessiva.

A hipótese de Freud, nesse momento de suas teorizações sobre a esquizofrenia, é, portanto, muito clara. Ele supõe a possibilidade de investimento libidinal em um objeto no mundo externo, passível de representação no inconsciente do indivíduo. Esse objeto é desinvestido por causa do afastamento ("fuga do ego") que esse indivíduo faz da realidade. Para afastar-se dessa realidade incômoda, ele desinveste o objeto que poderia representá-la.

Esse é o mesmo tipo de raciocínio que Freud (1917 [1915]) utiliza, em sentido inverso, para entender o funcionamento psíquico da melancolia. Na esquizofrenia, ocorre uma fuga da realidade que provoca o desinvestimento do objeto. Na melancolia é a perda do objeto que produz a retração da libido dirigida ao mundo exterior (realidade). Essa libido retraída é reinvestida, em seguida, no próprio ego do indivíduo, sob a forma de autocrítica, devido a sua **ambivalência afetiva** com relação ao objeto perdido. Isso produz os sintomas que observamos nessa doença.

A similaridade dos mecanismos que Freud propõe para explicar o funcionamento psíquico nas diversas "neuroses narcísicas" gerou uma certa confusão com relação à metapsicologia das psicoses. Em textos subsequentes a esse de 1915, também aparece, na própria obra freudiana, uma ambiguidade conceitual.

Vejamos, então, que outras explicações podemos obter, ao longo da evolução da teoria psicanalítica, para elucidarmos melhor a metapsicologia da esquizofrenia.

Distúrbios da vida afetiva, na concepção psicanalítica

É nas relações amorosas de Clara que se pode evidenciar, com maior acuidade, aquilo que a psiquiatria chamou de "ambivalência afetiva". Ey et al. (1981) a descrevem da seguinte maneira:

> As *manifestações emocionais* que exprimem este caos são desconcertantes e, como se diz, *imotivadas*, pois elas brotam de uma *camada afetiva impenetrável e secreta*. A motivação que nos leva a um sorriso ou a uma crise de lágrimas vai ao encontro e é reconhecida pelo semelhante, porém, no esquizofrênico esta motivação é estritamente interna de modo que seu sorriso ou suas lágrimas escapam ao nosso entendimento, a qualquer *troca inter-humana**. (p. 578 e 579)

Para estes autores, as *manifestações emocionais* que se expressam dessa forma são imotivadas e ininteligíveis. Eles, talvez, não tenham tido oportunidade de ouvir seus pacientes pelo tempo suficiente para conseguirem *penetrar a camada*

---

* Os grifos nas palavras e expressões dessa citação são meus.

afetiva secreta, nem tão pouco para chegar a uma compreensão do tipo de *troca inter-humana* que esta maneira de se relacionar explicita.

Ao escutar Clara, podemos perceber como se constituiu essa "ambivalência" nela.

> *Quando conheci Clara, ela namorava Flávio, um empresário que conhecera quatro anos antes. Ele a tinha cortejado insistentemente, até ela desistir de Fábio, com quem ela saía há dez anos, na época. Quando comentou com Flávio que rompera a relação com Fábio, Flávio perguntou: "Por que você fez isso? Ele é judeu, negro ou japonês?" Ele achava que Clara podia, muito bem, continuar com seu companheiro e, também, sair com ele...*
>
> *A família da mãe de Clara é originária de uma cidade do interior. Seu avô materno era funcionário público. Ele era pobre, mas muito conceituado em sua terra natal. Era extremamente honesto e tinha uma moral intocável. Escrevia no jornal local, fundou instituições cívicas etc. Existe até uma rua com seu nome naquela cidade, atualmente. Seu avô lia o Diário Oficial para Clara e comentava os artigos da Câmara dos Vereadores. Ela acha que herdou dele sua tendência a liderar: ela era ativa em grêmios e sociedades de firmas onde trabalhou, até o momento de sua primeira internação psiquiátrica. Assim como seu avô, ela sempre defendia os pobres e os segregados sociais.*

Quando Clara agradecia a algum garçom ou empregado, Flávio ralhava com ela, dizendo que serviçais não devem ser tratados com cordialidade. "Isto os estraga!"

Flávio levava um cantil cheio de whisky pendurado ao pescoço para poder beber enquanto dirigia. Isto, porém, nunca incomodou Clara. Ela admirava a enorme resistência do namorado à ingestão diária de grandes quantidades de bebida alcoólica. Também "não se importava com o fato de ele viver a criticá-la, dizendo que ela estava gorda, que não sabia se vestir ou que era desleixada com sua casa".

Se Flávio a chamava para se encontrarem, ela não sabia se deveria ir. Ficava horas pensando a respeito. Ligava-me, com frequência para discutir o assunto. Quando se decidia em ir vê-lo, muitas vezes, ele já tinha saído. Quando estavam juntos, ela não sabia se deveria beijá-lo, "transar" com ele ou repudiá-lo. Quando ele "desaparecia" por dias e, às vezes, por semanas, ficava desesperada. Pensava que ele estava saindo com outra pessoa ou que ele teria se matado. Quando se encontravam, raramente ficava satisfeita. Se ele a chamava para verem um jogo de futebol juntos, ela reclamava pelo fato de ele não querer conversar enquanto acontecia o jogo. Se jogavam cartas, ela ficava sempre lhe devendo dinheiro. Perdia todas as partidas. Ele roubava no jogo. Quando iam ao supermercado juntos, Flávio fazia Clara pagar sua parte das compras. Nunca lhe trazia um presente, nem mesmo por ocasião de seu aniversário ou no Natal...

> *Em seu segundo ano de análise, Clara começou a questionar algumas coisas em sua relação com Flávio. Ele respondeu que ela não tinha o direito de exigir nada, pois ele sempre deixara claro que não queria "compromisso"...*[20]

Em suas investigações a respeito da origem da ambivalência: "sentimentos contrários – amorosos e hostis, dirigidos à mesma pessoa" observável "na melancolia, *bem como em outros distúrbios narcísicos**", Freud descobriu "que as autocensuras com que esses pacientes melancólicos se atormentam a si mesmos da maneira mais impiedosa, aplicam-se, de fato, a outra pessoa, o objeto sexual que perderam ou que se tornou sem valor para eles por sua própria falha". Daí conclui "que o melancólico, na realidade, retirou do objeto sua libido, mas que, por um processo que devemos chamar de 'identificação narcísica', o objeto se estabeleceu no ego, digamos, projetou-se sobre o ego. [...] O ego da pessoa então é tratado à semelhança do objeto que foi abandonado e é submetido a todos os atos de agressão e expressões de ódio vingativo, anteriormente dirigidos ao objeto" (Freud, 1916-1917). Os *outros distúrbios narcísicos* aos quais se refere, nesse momento de suas teorizações, são a paranoia e a esquizofrenia.

---

[20] A forma como Flávio lidava com Clara é paradigmática do tipo de relação que Bateson chamou de "duplo-vínculo" (1971, p. 25). Outros autores a denominam relação "esquizofrenizante". Ver mais a respeito em meu livro *Emergências psiquiátricas*, nessa mesma coleção.

* Esse grifo é meu.

Clara acreditava que sua doença havia começado após sua separação de Mário. Ela "vinha se esforçando para ser feliz". Mário tinha sido a pessoa que melhor a tratara até então. Ele a ouvia. Estimulava-a a cuidar dele, de si mesma, do filho e da casa. Exigia que ela desse conta dessas responsabilidades. Em suma, lidava com ela como se ela fosse um ser pleno, um sujeito[21] capaz de assumir as identidades de mulher, de esposa, de mãe e de dona de casa. Após a morte da mãe, Clara, no entanto, passou um longo período deprimida. Chorava muito e sentia-se desanimada para qualquer atividade que o marido lhe propunha. No início, Mário deu-lhe muito apoio. Após seis meses convivendo com a esposa nesse estado, ele começou, porém, a criticá-la. Ela não reagiu. Ele arrumou um emprego em outra cidade.

Como o pai de Clara, Mário passou a ficar longos períodos longe de casa. Chegava a se ausentar por mais de um mês. Clara decidiu insistir nessa relação. Foi atrás de Mário. Ao chegar ao hotel em que o marido residia, encontrou uma foto dele com outra mulher. Percebeu o quanto Mário ficou constrangido por sua "visita" inesperada. Mesmo assim, decidiu "salvar seu casamento". Não fez nenhum comentário a respeito de suas ausências prolongadas, da fotografia na cabeceira de sua cama ou do constrangimento

---

[21] Abordarei o conceito de sujeito nas próximas páginas.

que percebeu nele. Clara conseguiu, dessa forma, que Mário voltasse a se interessar por ela.

Essa identificação que ela assumiu, a partir desse momento, com esse aspecto de sua mãe, que também aceitava a existência de uma "outra", levou-a, no entanto, a um novo impasse. Clara sempre criticara a posição passiva de Claudia frente a Fernando. Nas longas "sessões" de desabafo que Claudia fazia com Clara, queixando-se do sofrimento que seu casamento lhe trazia, Clara sempre achava que Claudia devia separar-se do marido. Acreditava que a mãe poderia encontrar um companheiro melhor, que a satisfizesse mais. "Aos oito anos de idade, eu já defendia a legalização do divórcio", me contou Clara. Aos trinta e dois anos de idade, entretanto, ao refazer a cena do casamento malsucedido de seus pais, dando-lhe o desenlace por ela preconizado aos oito anos, Clara "entrou em parafuso".

Pediu a separação a Mário quando se descobriu "apaixonada" por um colega. Nunca teve, efetivamente, nenhum envolvimento maior com este, a não ser irem almoçar juntos, em dias de trabalho. Não conseguia, porém, parar de pensar nele. Isso já era, na concepção de Clara, um indício de traição.

Pouco depois de separar-se de Mário, ela começou a sentir-se confusa e desanimada. Não conseguia mais cumprir com suas obrigações profissionais, nem cuidar da casa. Ficava dias inteiros na cama. Não comia e não dormia. Chegou

a desleixar até do filho. Passou a criticar-se ferozmente.
Sentia-se uma "inútil, incapaz de tomar conta até de quem
dependia tanto dela...". Fez duas tentativas de suicídio,
nessa época. Tentou cortar os punhos, em uma das vezes.
Tomou grandes quantidades de "calmantes", em outra.

Freud nos diz que "a tendência do melancólico para o suicídio torna-se mais compreensível se considerarmos que o ressentimento do paciente atinge de um só golpe seu próprio ego e o objeto amado e odiado. Na melancolia, *bem como em outros distúrbios narcísicos**, emerge, com acento especial, um traço particular na vida emocional do paciente – aquilo que, de acordo com Bleuler, nos acostumamos a descrever como 'ambivalência'. Com isso queremos significar que estão sendo dirigidos à mesma pessoa sentimentos contrários – amorosos e hostis" (Freud, 1916-1917).

Observamos, portanto, que a diferenciação que Freud fazia em 1915, entre a forma de investimento da libido objetal que ocorre na melancolia e aquela que se dá na esquizofrenia, esfumaça-se um ano depois, nessa conferência sobre *A teoria da libido e o narcisismo*. Já não o vemos mais separando diferentes formas de ligação e retração do investimento objetal de acordo com os diversos **distúrbios narcísicos**: na melancolia, uma retração libidinal por perda do objeto no mundo externo,

---

* Esse grifo é meu.

seguida de um reinvestimento dessa libido no objeto projetado sobre o ego; na esquizofrenia, um desinvestimento da representação inconsciente do objeto provocado pela retirada do investimento libidinal do mundo externo que continha o objeto.

Em seu artigo sobre *Neurose e psicose* (1924 [1923]), no entanto, Freud retoma e amplia a questão das diferenças existentes entre os mecanismos de funcionamento psíquico das diversas psicopatologias. Propõe, então, que "as neuroses de transferência correspondem a um conflito entre o ego e o id; as neuroses narcísicas [a melancolia], a um conflito entre o ego e o superego, e as psicoses [inclui a esquizofrenia], a um conflito entre o ego e o mundo externo". Acrescenta, aqui, que "será possível ao ego evitar uma ruptura em qualquer direção deformando-se, submetendo-se a usurpações em sua própria unidade e até mesmo, talvez, efetuando uma clivagem ou divisão de si próprio". E conclui supondo como "mecanismo, por cujo intermédio o ego se desliga do mundo externo, uma retirada da catexia enviada pelo ego".

A esse "mecanismo, por cujo intermédio o ego se desliga do mundo externo", Freud chamou de **rejeição da realidade**.

No mesmo ano em que escreveu o artigo sobre *Neurose e psicose*, Freud propôs uma nova explicação para a gênese da ambivalência. Ele encontrava-se, nesse momento, empenhado em expor sua nova teoria de aparelho psíquico (**segunda tópica**). Já havia, nessa época, reformulado sua teoria das pulsões. Até então, ele se guiara pela dualidade entre as **pulsões** de **autoconservação**[22] e as **pulsões sexuais** para explicar a origem dos conflitos psíquicos.

A partir do estudo que o levou a postular conceitos *Além do princípio do prazer*, Freud elaborou uma nova teoria pulsional. As forças que estariam em oposição no psiquismo seriam as de Eros e Tânatos: **pulsão de vida** e **pulsão de morte**.

Existiriam dois tipos de energia psíquica na constituição normal do ser humano. A de vida abrangeria tanto as pulsões de autoconservação, quanto as sexuais. Ela seria responsável pela preservação da vida por meio da manutenção da coesão entre as partes e a conservação de uma unidade para o indivíduo.

A pulsão de morte, seria aquela que responderia pela diminuição das tensões geradas pelo organismo, tendendo a levá-las ao menor grau possível. A redução máxima das excitações corresponderia ao estado de inércia absoluta (**princípio de Nirvana**), ao estado inorgânico: a morte.

Segundo o **princípio de prazer**, um dos princípios que regem o funcionamento mental, a atividade psíquica, em seu conjunto, tem por objetivo evitar o desprazer e proporcionar o prazer. O desprazer está ligado ao aumento da quantidade de excitação e o prazer, a sua redução.

Para que o funcionamento mental seja, portanto, "normal", precisaria haver uma "dosagem adequada" de determinada quantidade de cada uma dessas duas forças: pulsão de vida e

---

[22] **Pulsões de autoconservação** designam o conjunto das necessidades ligadas às funções corporais essenciais à conservação da vida do indivíduo; a fome constitui seu protótipo (Laplanche & Pontalis, 1986, p. 520.)

pulsão de morte. A de vida manteria a coesão e a unidade e a de morte evitaria o aumento excessivo de excitação dentro do aparelho psíquico.

"Partimos da grande oposição entre as pulsões de vida e de morte.", diz Freud. "Ora, o próprio amor objetal nos apresenta um segundo exemplo de polaridade semelhante: a existente entre o amor (ou afeição) e o ódio (ou agressividade)". E explica:

> Desde o início identificamos a presença de um componente sádico na pulsão sexual. [...] Ele entra em ação a serviço da função sexual. Durante a fase oral da organização da libido, o ato de obtenção de domínio erótico sobre um objeto coincide com a destruição desse objeto; posteriormente, a pulsão sádica se isola, e, finalmente, na fase de primazia genital, assume, para os fins da reprodução, a função de dominar o objeto sexual até o ponto necessário à efetivação do ato sexual. Poder-se-ia verdadeiramente dizer que o sadismo que foi expulso do ego apontou o caminho para os componentes libidinais da pulsão sexual e que estes o seguiram para o objeto. *Onde quer que o sadismo original não tenha sofrido mitigação ou mistura, encontramos a ambivalência familiar de amor e ódio na vida erótica*. (Freud, 1920, capítulo VI)

---

* Esse grifo é meu.

A partir dessa nova teorização, Freud atribui à inadequada "mitigação ou mistura" (**fusão**) das pulsões de vida e de morte a gênese da ambivalência, observável em vários tipos de constituição psíquica.

"Surge também a questão de saber se a ambivalência comum, que com tanta frequência é inusitadamente forte na disposição constitucional à neurose, não deveria ser encarada como produto de uma desfusão; a ambivalência, contudo, é um fenômeno tão fundamental que ela mais provavelmente representa uma fusão pulsional que não se completou" (Freud, 1923, capítulo IV).

Distinção clínica entre a melancolia e a esquizofrenia

> *Depois de alguns meses de análise comigo, Clara me questionou com relação ao seu diagnóstico. Contou-me que, após as tentativas de suicídio, foi internada com a hipótese diagnóstica de "PMD" (psicose maníaco-depressiva)[23], em "fase melancólica". Foi medicada, por vários anos, com antidepressivos. Foi submetida,*

---

[23] Esta patologia psiquiátrica é mais conhecida, atualmente, por "Transtorno bipolar".

também, a várias séries de ECT – eletroconvulsoterapia (eletrochoques) e choques insulínicos[24].

Além de Freud, vários autores tentaram fazer uma diferenciação entre os mecanismos psíquicos existentes na melancolia e na esquizofrenia.

No final de um longo artigo intitulado *Temporalidade na esquizofrenia*, no qual tenta demarcar pontos de distinção entre essa patologia e a melancolia, Kimura Bin nos surpreende com a conclusão de que "a diferenciação indispensável no plano terapêutico não é possível senão a partir da intuição fenomenológica na conversa cara a cara com o doente" (p. 52). Apesar disso, Bin traz contribuições importantes para a demarcação clínica dessas doenças.

Ele propõe os conceitos de *ante festum* e *post festum* correlativos à esquizofrenia e à melancolia, respectivamente. O primeiro "aparece de maneira mais acentuada no esforço de restabelecimento do eu dos processos psicóticos" (BIN, 1998, p. 52). Essas pessoas "apresentam uma estrutura fundamental de antecipação do futuro acompanhada de esforços visando uma individualização" e têm um "sentimento de existência extremamente pobre". Na temporalidade *post festum*, típica dos

---

[24] É importante sublinhar como esses "métodos terapêuticos" são preconizados pela psiquiatria para o tratamento dos casos graves tanto de melancolia quanto de esquizofrenia. Em ambas, o recurso a esse "tratamento" é indicado quando se esgotaram todas as outras possibilidades de terapêutica medicamentosa. Quando o paciente não melhora com nenhum remédio proposto especificamente para essas doenças.

melancólicos, observa-se uma tentativa de "deter a marcha do tempo que se enterra contínua e irreversivelmente do presente no passado" (*Op. cit.*, p. 50), mas, esses indivíduos "conservam um sólido sentimento de existência do seu Eu*" (*Op. cit.*, p. 51).

Bin concluiu suas teorizações sobre essas diferenças com a ideia de que: "A estrutura *ante festum* que se mostra de modo mais extremo no ser-no-mundo do esquizofrênico e a estrutura *post festum* que se encontra exemplarmente no ser-no-mundo do melancólico são as duas estruturas fundamentais diametralmente opostas que dividem as relações com o si mesmo e com o mundo em duas grandes categorias. [...] Todavia, se consideramos apenas os sintomas clínicos, é em princípio impossível reconhecer por qual dessas duas estruturas o quadro clínico é determinado porque quase todos os sintomas psiquiátricos podem formar-se de maneira idêntica nos dois casos. É necessário, então, distingui-los pela intuição fenomenológica" (p. 52).

Essa "intuição fenomenológica" é, certamente, muito importante no cotidiano da prática clínica. Todos nós podemos falar a respeito dessas "impressões" que nossos clientes nos deixam, durante ou após uma entrevista ou uma avaliação. Acredito, porém, na existência de um saber que vai se constituindo ao longo da experiência profissional de cada um. Esse

---

* Notar que o termo "Eu" aparece com maiúscula nessa frase, enquanto, na citação anterior, referente à esquizofrenia, é grafado em minúscula, ambos segundo o texto original. Será uma diferenciação conceptual do autor ou mero "acaso" de digitação?

saber adquire, muitas vezes, o caráter de "intuição", por não tomarmos consciência, no momento da avaliação do paciente, da ligação entre as percepções clínicas e o conhecimento teórico que já possuímos. Aprendemos, no entanto, ao longo de nossa prática profissional, sob a orientação de nossos mestres e por meio de nossos estudos, a "intuir" um "discurso desagregado", um "bloqueio do pensamento" ou um "olhar que nos atravessa" como característicos de uma esquizofrenia. É esse mesmo tipo de "impressão" que vamos formando quando entrevistamos um paciente, à medida que ficamos atentos à forma pela qual o indivíduo se relaciona (ou não se relaciona) consigo mesmo, conosco e com o mundo que o cerca. Transformamos, aos poucos, dentro de nós – terapeutas – a percepção dessa pessoa "desagregada", "bloqueada", "que não nos vê", que não tem um "sólido sentimento de existência do Eu" na "intuição" de que estamos frente a um indivíduo em estado esquizofrênico.

Na presença de alguém em estado melancólico, a "sensação" que temos é a de que existe uma tristeza profunda "no ar". Essas pessoas, muitas vezes, também se apresentam em "estado catatônico". Assim como os esquizofrênicos, elas parecem estar "bloqueadas", em "mutismo absoluto". Transmitem, porém, esse sentimento melancólico pelo qual se encontram tomadas. São gestos mínimos, um esboço de ruga querendo aparecer no canto da boca, um indício de lágrima se formando em seus olhos, sinais quase imperceptíveis que, no entanto, reconhecemos e registramos em algum lugar de nossas mentes. Muitos terapeutas sentem sono ou ficam "desanimados" durante um encontro com um melancólico. São os sinais contratransfe-renciais que usamos, junto com o conhecimento da história de vida daquele paciente, para "intuir" um diagnóstico de melancolia.

Quando estamos frente a frente com alguém em estado de desagregação esquizofrênica, mesmo que os fenômenos que se apresentam sejam "negativos", a angústia que aparece é de outra ordem. O que vemos e "intuímos" é um ser vivendo um turbilhão interno, em extremo desassossego, sem conseguir transformar isso em gestos ou palavras inteligíveis por nós. É aquilo que chamamos *angústia psicótica*. Trata-se, nesses casos, de uma angústia de desintegração, de fragmentação. Os profissionais que lidam com pessoas nesse estado sentem frequentemente medo, como se algo terrível estivesse por acontecer: uma vivência de "catástrofe" (Freud, 1911) imi-nente. Ficamos com a "impressão" de que aquele ser está prestes a "se desmanchar" diante de nós. Não há tristeza "no ar". Ocorre uma sensação de vazio absoluto. Não é o vazio de algo ou alguém que estava presente e se foi (estrutura *post festum*). É o vazio daquilo que não chegou a estar (estrutura *ante festum*). Suas expressões físicas e verbais mostram o movimento pul-sional desconectado e desordenado. Exterioriza-se, dessa forma, uma imensa quantidade de energia que não conseguiu ser mitigada. Essa força toda não pôde alcançar um destino que lhe possibilitasse uma coesão e uma unificação em um ego. São essas percepções, somadas ao conhecimento que temos da história desse indivíduo, que nos permitem "intuir" que nos deparamos com uma pessoa em estado esquizofrênico.

Podemos pensar agora, a partir dessas novas teorizações, que, apesar da semelhança que apresentam alguns dos fenômenos observados na evolução da doença de Clara com aqueles descritos para caracterizar a melancolia, sua gênese é outra.

Ela também mostrava, nesse período, apatia, desânimo, descuido consigo mesma, com suas coisas e com suas responsabilidades. Criticava-se ferozmente e chegou a tentar suicídio duas vezes. Todo esse desinvestimento de sua realidade e esses autoataques tinham, no entanto, um caráter diferente daquele que vemos em pessoas que se encontram em estado melancólico.

Parecia existir um conflito entre o ego e o superego que produzia as autocríticas em Clara. Esse conflito não era, no entanto, o cerne de sua problemática. Talvez fosse, na verdade, nesse momento de sua vida, uma tentativa de resolvê-la. Poder criticar-se significava ver a si mesma como um ser inteiro, passível de acusações.

Até então, ela teria sido uma pessoa capaz de "tocar um casamento, uma casa, um emprego e cuidar de um filho". Essas características lhe ofereciam a possibilidade de se vislumbrar como um sujeito portador de uma série de traços identificatórios, suficientes para lhe permitir uma sensação de ter um contorno próprio. Eles lhe prenunciavam a possibilidade de constituir uma representação integrada de um ego. Poderia, então, sentir-se coesa, tendo uma unidade. Sua pulsão de vida estaria próxima a atingir seu alvo.

Clara estaria culpando-se, então, por perder essas insígnias que a colocavam no mesmo rol dos outros seres humanos, vivendo, participando e contribuindo com a sociedade e com a civilização. Essas eram as marcas que a haviam tirado do lugar de zumbi, de objeto "tampão", que veio ao mundo preencher o "buraco" deixado pelo filho que sua mãe perdeu.

Quando resolveu separar-se de Mário, Clara sentia-se feliz, cheia de planos e projetos para seu futuro. Acreditava-se "poderosa". Era ela quem determinava o rumo de sua própria vida. Estava apaixonada por um colega. Iria divorciar-se de seu marido e ficar com o homem que ela estava escolhendo. Era dona de si mesma, de seus desejos e de seu destino. As coisas, no entanto, não se desenrolaram da forma como ela havia planejado...

Distúrbios da sensopercepção, na concepção psicanalítica

Um ano após separar-se de Mário, Clara teve seu primeiro surto. Ouvia nos discursos, que um dos candidatos

> *à Presidência do Brasil fazia nos horários de propaganda*
> *política da televisão, mensagens secretas de amor, dirigidas*
> *a ela. O vazio deixado por Mário em sua vida afetiva era*
> *preenchido com alucinações. Foi nessa ocasião que Clara*
> *teve sua primeira internação psiquiátrica.*
>
> *A alucinação, por meio da qual ouviu declarações de amor*
> *feitas por um personagem tão importante quanto um can-*
> *didato à Presidência da República, foi o "remendo aplicado*
> *no lugar em que originalmente uma fenda apareceu na*
> *relação do ego com o mundo externo*[25]*".* (Freud, 1924
> [1923])

Seguindo o modelo de compreensão das neuroses, Freud pensa que "Provavelmente na psicose o fragmento de realidade rejeitado constantemente se impõe à mente, tal como a pulsão reprimida faz na neurose, e é por isso que, em ambos os casos, os mecanismos também são os mesmos" (Freud, 1924). Os mecanismos, dos quais fala aqui, referem-se àqueles que produziriam o retorno do recalcado, nas neuroses e o "retorno do rejeitado", nas psicoses.

A ideia que sustenta essa hipótese, nesse artigo sobre *A perda da realidade na neurose e na psicose*, é que a ansiedade ligada aos sintomas observados tanto na neurose quanto na psicose

---

[25] Ver também, sobre essa interpretação, o item "Consequências da evolução da teoria freudiana das psicoses", no capítulo 6.

apontam para o fato de que sua formação "constitui apenas uma conciliação e não proporciona satisfação completa".

O que ele quer dizer com isso é que, na psicose, o material rejeitado da realidade continua, de alguma forma, investido libidinalmente. Ele fica desligado do restante das representações psíquicas, porém, mantém-se "eficiente", catexizado.

"Em uma psicose", explica Freud, "a transformação da realidade é executada sobre os precipitados psíquicos de antigas relações com ela – isto é, sobre os traços de memória, as ideias e os julgamentos anteriormente derivados da realidade e através dos quais a realidade foi representada na mente. Essa relação, porém, jamais foi uma relação fechada; era continuamente enriquecida e alterada por novas percepções. Assim, a psicose também depara com a tarefa de *conseguir para si própria percepções de um tipo que corresponda à nova realidade, e isso muito radicalmente se efetua mediante a alucinação*[*]" (1924).

A rejeição da realidade nunca é total na psicose. A realidade tem representações no psiquismo do sujeito em estado esquizofrênico. É nas fendas abertas pelo desligamento de determinada representação das representações previamente existentes que vem se alojar o "remendo" (Freud, 1924 [1923]) em que se constitui a alucinação. As características da alucinação indicam, portanto, sua origem. Elas apontam para aquilo que a alucinação veio substituir: o fragmento de realidade rejeitado. Os contornos dessa "peça de quebra-cabeça", que é

---

[*] Esse grifo é meu.

a alucinação, nos mostra onde ela se "encaixa", mesmo que o pedaço de imagem nela impresso não corresponda à continuidade da imagem que as outras peças formam.

Os mecanismos que Clara usou para lidar com as agruras de sua existência já não davam mais conta de preservar-lhe a vida. A tentativa que fazia (novamente por meio de um ato concreto) de efetuar uma separação entre si mesma e o objeto estava enredada em sua ambivalência afetiva com relação a esse esboço de objeto. Identificada com sua mãe: a mulher traída, Clara pensou que pudesse preservar "sua dignidade e sua integridade", como tantas vezes sugerira a Claudia, separando-se daquele que ferira sua autoestima, seu narcisismo. Clara usou, para isso, do artifício mais precoce de seu desenvolvimento. O que era bom, era incorporado, "engolido". Aquilo que causava desprazer era simplesmente "cuspido". O que desagradava, era rejeitado. Para alcançar esse propósito, valia-se de sua pulsão de morte, de sua agressividade, que está a serviço de eliminar tudo aquilo que causa desprazer.

Clara ainda não conseguia realizar um processo de simbolização e de julgamento que lhe permitissem buscar outras alternativas que não a mera descarga motora e o preenchimento alucinatório da "fenda deixada na relação de seu ego com o mundo externo" pela rejeição desses fragmentos da realidade que lhe causavam desprazer.

"Julgar é uma continuação, por toda a extensão das linhas da conveniência, do processo original através do qual o ego integra coisas a si ou as expele de si, de acordo com o princípio de prazer", acredita Freud. E explica, "A polaridade de julgamento parece corresponder à oposição dos dois grupos de pulsões que supusemos existir. A afirmação – como um substituto da união – pertence a Eros; a negativa – o sucessor da expulsão – pertence à pulsão de destruição".

Freud nos apresenta, nesse parágrafo de seu artigo sobre *A negação*, os primeiros passos que o ser humano dá em direção a sua constituição enquanto **sujeito**. A primitiva operação de expulsão constitui uma exterioridade para esse ser. Aquilo que é bom é do sujeito, o mau é exterior. Cria-se, dessa forma, um dentro e um fora: um ego e um mundo. A clivagem do ego é, portanto, um mecanismo constitutivo do psiquismo humano. Faz parte de seu desenvolvimento "normal". Se esse mecanismo é utilizado, porém, de maneira persistente em outras etapas da vida, pode originar sérios problemas.

"O desejo geral de negar", pensa Freud, "o negativismo que é apresentado por alguns psicóticos, deve provavelmente ser encarado como sinal de uma desfusão de pulsões efetuada através de uma retirada dos componentes libidinais".

Esse fato não subtrai, no entanto, a importância desse mecanismo no desenvolvimento do psiquismo. "O desempenho da função de julgamento, contudo, não se tornou possível até que a criação do *símbolo** da negativa dotou o pensar de uma

---

* Esse grifo é meu.

primeira medida de liberdade das consequências da repressão, e, com isso, da compulsão do princípio de prazer" (Freud, 1925a).

Para aceder-se à possibilidade de realizar um julgamento, de pensar de uma forma independente da compulsão do princípio do prazer, o indivíduo precisa aprender a utilizar o símbolo da negativa: precisa aprender a simbolizar. Só se pode "parar para pensar" antes de realizar um ato, como pura descarga do princípio do prazer, se se é capaz de formular um "não": *"Não quero ser o marido de minha mãe".* ou *"Não preciso da morte para existir".*

> *O que regia, portanto, o funcionamento mental de Clara, nesse período, eram forças extremamente primitivas, quase em sua "forma bruta". O ódio que sentia com relação a esse objeto que ela tentara constituir (personalizado, nessa época de sua vida, na figura de Mário) era de tal vulto, que apenas o seu assassinato poderia aplacá-lo. Só que matar o objeto, nesse momento, era, literalmente, cometer suicídio. O objeto e ela eram uma coisa só. Não estavam totalmente diferenciados. Não havia um dentro e um fora definidos para Clara.*
>
> *Sua pulsão de vida não dava mais conta de manter uma unidade coesa o suficiente para não se desfazer frente às investidas de sua pulsão de morte. Esta, por sua vez, não se encontrava devidamente mitigada pela pulsão de vida. A agressividade decorrente da pulsão de morte "rolava solta". Além das tentativas de suicídio, Clara chegou a*

> *agredir verbal e fisicamente sua irmã, vizinhos seus e vários dos colegas de trabalho que tinha, nessa época.*
>
> *Precisou, portanto, recorrer a outra forma de funcionamento psíquico para poder sobreviver: rejeitou o material traumático da realidade, substituindo-o por outro bem mais prazeroso. Rejeitou os afetos desagradáveis causados pela sua separação de Mário. Na "fenda" deixada pelo desinvestimento da "relação de seu ego com o mundo externo", passou a sentir-se desejada por uma figura valorizada por ela: um futuro presidente, "bonito e eloquente"... Dessa forma, "conseguiu para si própria percepções de um tipo que correspondiam à nova realidade mediante a alucinação".*

A alucinação é o primeiro mecanismo psíquico ao qual recorre o ser humano em sua tentativa de eliminar o desprazer causado pela insatisfação de suas necessidades.

"As excitações produzidas pelas necessidades internas[26] buscam descarga no movimento, que pode ser descrito como uma 'modificação interna' ou uma 'expressão emocional'", explica Freud. "O bebê faminto grita ou dá pontapés, inerme. Mas a situação permanece inalterada, pois a excitação proveniente de uma necessidade interna não se deve a uma força que produza um impacto momentâneo, mas a uma força que está

---

[26] Ao que Freud chamou de **fonte** da pulsão.

continuamente em ação[27]. Só pode haver mudança quando, de uma maneira ou de outra (no caso do bebê, através do auxílio externo), chega-se a uma 'vivência de satisfação'[28] que põe fim ao estímulo interno". Outro "componente essencial dessa vivência de satisfação é uma percepção específica[29] (a da nutrição, em nosso exemplo)". O registro da imagem dessa percepção (dos elementos que trazem a vivência de satisfação) fica associado na memória, daí por diante, à lembrança da excitação produzida pela necessidade. Em decorrência do vínculo assim estabelecido, na próxima vez em que essa necessidade for despertada, surgirá de imediato um movimento psíquico que procurará na memória a imagem da percepção. O indivíduo tentará "reevocar a própria percepção, isto é, restabelecer a situação da satisfação original. Uma moção dessa espécie é o que chamamos de desejo" (Freud, 1900, capítulo VII, item C).

Temos aqui postulada a forma pela qual se constitui o **desejo** no ser humano. O desejo inclui, portanto, a satisfação da necessidade e o advento do prazer decorrente dessa satisfação.

Toda vez que o bebê sente fome, ele alucina o seio e a satisfação decorrente da saciedade que esse lhe proporcionou. Sempre que a fome aparece, ele deseja o seio e o alucina para

---

[27] Freud descreve, nesse trecho de seu estudo sobre A *interpretação dos sonhos*, outra característica da pulsão: a **pressão**.

[28] Esse é outro dos elementos fundamentais da pulsão: seu **alvo**.

[29] Temos aqui o quarto integrante da pulsão: seu **objeto**. No caso do exemplo dado por Freud, a percepção específica, que fica associada à vivência de satisfação, seria a dos elementos pelos quais se realiza a nutrição: boca / seio.

obter a satisfação imediata de seu desejo. A alucinação não traz, no entanto, a satisfação da necessidade e do desejo. Ela os "engana" por algum tempo, mas, não consegue colmatá-los. Para tal, o psiquismo precisa criar outro mecanismo que o leve à real satisfação de seus desejos. Deve deixar de alucinar e passar a "ir em busca" da realização de seus desejos. Precisa "mexer-se". Deve sair desse estado de passividade, de inércia e realizar algum ato motor. Tem que abandonar seu estado de Nirvana e usar a energia das excitações que sua pulsão de vida lhe oferece para manter sua coesão interna, preservar sua unidade. O psiquismo desenvolve, para isso, "um segundo sistema, que controla o movimento voluntário – isto é, que pela primeira vez se vale do movimento para fins lembrados de antemão". Esse segundo sistema, que assim se forma, é a função do pensamento.

"A amarga experiência da vida", nos explica Freud, "deve ter transformado essa atividade primitiva de pensamento numa atividade secundária mais conveniente. O estabelecimento de uma identidade perceptiva pela curta via da regressão no interior do aparelho não tem em outro lugar da psique o mesmo resultado que a catexia dessa mesma percepção desde o exterior. A satisfação não sobrevém e a necessidade perdura. A catexia interna só poderia ter o mesmo valor da externa se fosse mantida incessantemente, *como de fato ocorre nas psicoses alucinatórias*[*] e nas fantasias de fome, que esgotam toda sua atividade psíquica no apego ao objeto

---

[*] Esse grifo é meu.

de seu desejo. Para chegar a um dispêndio mais eficaz da força psíquica, é necessário deter a regressão antes que ela se torne completa, para que não vá além da imagem mnêmica e seja capaz de buscar outros caminhos que acabem levando ao estabelecimento da desejada identidade perceptiva desde o mundo exterior. Essa inibição da regressão e o subsequente desvio da excitação passam a ser da alçada de um segundo sistema, que controla o movimento voluntário – isto é, que pela primeira vez se vale do movimento para fins lembrados de antemão. Mas toda a complexa atividade de pensamento que se desenrola desde a imagem mnêmica até o momento em que a identidade perceptiva é estabelecida pelo mundo exterior, toda essa atividade de pensamento constitui simplesmente um caminho indireto para a realização de desejo, caminho esse que a experiência tornou necessário. O pensamento, afinal, não passa do substituto de um desejo alucinatório" (Freud, 1900, volume V, capítulo VII, item C).

Resta saber como o ser humano passa de uma forma alucinatória de desejo para o uso do pensamento e daí para o de suas habilidades motoras, para obter a satisfação de seus desejos na realidade. O que Freud propõe, em seu *Suplemento metapsicológico à teoria dos sonhos*, para explicar esse desenvolvimento é a aquisição, pelo psiquismo, do dispositivo do **"teste da realidade"**. Este permite distinguir as "percepções carregadas de desejo de uma real satisfação e evitá-las no futuro".

"Precisamos saber agora em que consistia esse teste da realidade e como a psicose alucinatória carregada de desejo que aparece nos sonhos, na amência e em condições semelhantes, consegue aboli-lo e restabelecer a antiga modalidade de satisfação", pergunta-se Freud. E responde: "a crença na realidade está vinculada à percepção através dos sentidos. Uma vez que um pensamento tenha enveredado pela regressão até chegar aos traços de memória inconscientes dos objetos e daí à percepção, aceitamos essa percepção como real. Assim, a alucinação traz consigo a crença na realidade. Agora temos de nos perguntar o que é que determina a formação de uma alucinação. A primeira resposta seria a regressão, e isso substituiria o problema da origem da alucinação pelo do mecanismo da regressão".

Mas, ele só consegue solucionar a questão da origem das alucinações, no funcionamento psíquico do adulto, ao pensar a respeito da esquizofrenia: "Quanto à psicose alucinatória da demência precoce [esquizofrenia]", conclui, "inferiremos de nosso exame que essa psicose não pode estar entre os sintomas iniciais da afecção. Só se torna possível quando o ego do paciente se acha de tal forma desintegrado, que o teste da realidade não atrapalha mais a alucinação" (Freud, (1916 [1915]).

Quando a coesão do ego se perde, quando a pulsão de vida não dá mais conta de manter-lhe a unidade, o ser humano sucumbe ao estado de inércia, de Nirvana. Neste, as excitações tendem a diminuir a ponto de levar o indivíduo ao repouso absoluto: a morte. É o que ocorre quando não se interrompem períodos prolongados de estado alucinatório nas psicoses. A pessoa deixa de se alimentar, de dormir, de tomar banho, de se cuidar... Não realiza nenhum ato motor em benefício da preservação de sua vida.

Agora que sabemos que as alucinações aparecem quando ocorre uma "desintegração do ego", fica-nos a tarefa de desvendar o que pode causar tal desintegração.

Podemos encontrar essa resposta em um escrito de 1895: o *Projeto para uma psicologia científica*. Nele, Freud mostra como as alucinações estão associadas a percepções que causam desprazer.

As lembranças que causam desprazer derivam da rememoração de uma "experiência de dor", observa Freud. Nas primeiras vezes em que essas lembranças são reavivadas na memória, elas trazem consigo as "manifestações de afeto e de defesa" que a percepção (a experiência de dor) que as causou provocou no momento em que essa percepção ocorreu. Quando o sujeito lembra de sua "experiência de dor", revive as sensações que teve quando essa experiência aconteceu. Alucina aquilo que sentiu no instante em que teve aquela vivência pela primeira vez.

> As vozes que Clara ouvia, dizendo que ela seria "readaptada" ou que a chamava de "puta, vadia, meretriz", ilustram esse tipo de alucinação. Ela efetivamente ouviu essas palavras, em outros contextos, antes de aluciná-las. Ela foi ameaçada de ser "readaptada", após sua primeira internação psiquiátrica. Sua tia, com a qual se identificava, vivia sendo chamada de "meretriz" pela mãe de

> *Clara e pelos outros membros da família. Clara também foi chamada, indiretamente, de "puta", quando Flávio afirmou que a gravidez, da qual ela suspeitava, seria fruto de relações sexuais que ela teria com outros homens.*

O desprazer que essas lembranças trazem tendem a desaparecer com o passar do tempo. Perdem, também, aos poucos, a capacidade de reavivarem as "qualidades sensoriais" que acompanharam aquela primeira percepção. Passam a se assemelhar progressivamente a outra lembrança qualquer. Deixam de ser lembranças que despertam "raiva", "medo", "dor", "arrepios", ou "suor frio" só de lembrar...

Quando a mente está ocupada por uma lembrança desse tipo, ainda "indomada", "interrompe-se a passagem do pensamento". Fica-se incapaz de pensar quando surgem essas recordações. O mecanismo do processo alucinatório, como vimos há pouco, é anterior, no curso do desenvolvimento psíquico, ao processo do pensamento. É por isso que, durante períodos alucinatórios, o sujeito fica impossibilitado de "raciocinar".

"Que acontece, então", pergunta-se Freud, "com as *lembranças* capazes de afeto até serem *dominadas*?" "É evidente que algo deve acontecer no [curso do] "tempo", durante as repetições, que provoque essa subjugação [das lembranças]; e esse algo só pode consistir em que alguma relação com o ego ou com as catexias do ego que adquire poder sobre as lembranças", responde ele.

Sendo traços de experiências de dor, elas foram investidas com uma quantidade de energia excessivamente intensa para a liberação de desprazer e afeto. "Por conseguinte, deverão receber do ego uma ligação especialmente considerável e reiterada para contrabalançar essa facilitação para o desprazer".

"O fato de que a lembrança exibe *característica alucinatória*[*] durante tanto tempo também requer explicação, que é importante para nosso conceito da alucinação. Aqui é plausível supor que essa capacidade para a alucinação, além da capacidade para o afeto, sejam indicações de que *a catexia do ego ainda não exerceu nenhuma influência sobre a lembrança e de que nesta predominam as linhas primárias de descarga e o processo total ou primário*" (Freud, 1950 [1895], parte III, item 3).

A alucinação é, portanto, resultado da conjunção de dois fatores. Por um lado, a pessoa viveu uma experiência de dor em que investiu muito afetivamente. Por outro lado, seu ego não conseguiu realizar "uma ligação especialmente considerável e reiterada para contrabalançar essa facilitação para o desprazer". Para que uma alucinação ocorra, precisa ter havido uma percepção tão dolorosa e tão libidinizada pelo indivíduo que seu ego não deu conta de aplacar. A excitação provocada por tal experiência de dor é desproporcional à capacidade do ego de "domesticar" sua lembrança. A pulsão de morte despertada por essa percepção da realidade, que se constitui numa experiência de dor, é tão intensa, que torna a pulsão de vida

---

[*] Os grifos, nesse parágrafo, são meus.

ineficaz em sua mitigação. A força da pulsão de morte passa a predominar, deixando o indivíduo a sua mercê. As funções de Eros – de coesão e de integração do ego – perdem-se: "o ego desintegra-se". Essa desintegração leva o psiquismo a uma regressão a formas de funcionamento anteriores à constituição do ego. O psiquismo passa a ser regido por mecanismos mais primitivos, como os do processo primário e o da satisfação alucinatória de desejo.

Descobrimos, por meio dessas teorizações, que a alucinação tem, aparentemente, duas gêneses. Uma está relacionada à satisfação alucinatória de desejo. A outra se dá quando uma experiência de dor encontra-se tão libidinizada, que o ego não dá conta de aplacar toda sua energia. Ambas, porém, remetem ao mesmo princípio: o do prazer.

Nas duas situações, o que ocorre é um incremento excessivo de excitação (a pressão da pulsão, na primeira e a força da dor, na segunda), que não consegue ser drenada dentro do próprio psiquismo. Na satisfação alucinatória de desejo, é a pulsão de vida que não consegue ser mitigada pela pulsão de morte. Isso permitiria uma redução da quantidade de excitação existente no psiquismo, proporcionando, assim, o prazer e, consequentemente, mantendo a integridade egoica. Na experiência de dor, é a elevação da energia da pulsão de morte que não pode ser abrandada pela força da pulsão de vida. O que fica ameaçado com isso, é, da mesma forma, a unidade psíquica. Podemos concluir, portanto, que aquilo que abre o caminho para a formação de alucinações é o fato que a fusão das pulsões não se completou ou que ocorreu uma desfusão pulsional.

Algumas conclusões a respeito de Clara

Acredito já termos, agora, dados suficientes para entendermos um pouco mais a hipótese que levantei com relação ao fator desencadeante da crise que teria levado Clara àquela internação em que a conheci.

O sentimento de desamparo, que ela viveu naquele momento, já era um "velho conhecido" de Clara. Ela, efetivamente, só se sentiu "cuidada", enquanto um ser desejante (com vontade própria), no período em que morou com sua tia, aos dez anos de idade. Tentou "reeditar" essa experiência em seu relacionamento com Mário. Essa nova versão de relação que tentava instaurar um relacionamento "a dois" não teve, porém, o final que ela planejara... Durante a maior parte de sua infância e de sua adolescência, era sua mãe quem determinava o que Clara podia fazer ou gostar. Ela queria estudar violão e sua mãe a obrigou a estudar piano. Ela queria brincar com as outras crianças e Claudia dizia que ela não podia "se misturar com pessoas de outro padrão social". Ela tentava "agradar" a mãe sendo boa aluna mas esta sempre achava que Clara "não era persistente" o suficiente.

Mesmo para nascer, ela precisou submeter-se ao desejo de outro. Seu pai não admitia que a esposa fosse submetida à cirurgia cesariana. Clara teve anóxia de parto. Por pouco, ela deixou de existir até fisicamente, já que, desde então, me parece que ela vinha tentando ter vida própria... Flávio entrou na vida de Clara para uma tentativa (inconsciente) de elaborar sua relação com sua mãe. O namorado era seu perfeito "substituto" na vida de Clara. Ela revivia, nessa nova relação, as mesmas experiências de desvalia, de dominação e de anulação de uma subjetividade própria. Estava totalmente submetida aos desejos de Flávio, como estivera submetida aos desejos de sua mãe. Ele era sua tentativa de engendrar um objeto de investimento libidinal: amoroso e hostil – que não se constituía em um ser separado de si mesma.

Quando surgiu a suspeita de gravidez na cabeça de Clara, apresentava-se, novamente, para ela, a possibilidade de instaurar uma separação em sua relação com seu "projeto de objeto". Flávio poderia transformar-se, a partir de então, em um objeto de verdade: o pai do filho de Clara. Uma pessoa que a amasse e que gerasse nela um fruto desse amor.

Foi com toda alegria que esse projeto prenunciava que Clara se dirigiu a Flávio, para ouvir que "se ela estivesse grávida, o filho não seria dele"... Ouvir essas palavras foi uma verdadeira "experiência de dor" para Clara. O ódio que isso despertou nela foi tamanho que seu ego, ainda *frágil, acabou por "desintegrar-se". Passou a delirar e a alucinar. Começou a sentir sua vida e a de seu filho ameaçadas: o ódio dirigia-se a um objeto que não estava totalmente separado de si mesma. Esse ódio voltou-se contra Clara e seu filho (outra parte de si mesma).*

Além de Freud, vários de seus seguidores se propuseram a trabalhar questões concernentes à teoria e à clínica das psicoses. Ressaltaremos, a seguir, um pequeno fragmento dessas contribuições.

7.

ALGUMAS CONTRIBUIÇÕES PSICANALÍTICAS PARA A CLÍNICA DA ESQUIZOFRENIA

Seguindo o trabalho de André Green sobre A *nosografia psicanalítica das psicoses*, destaco, a seguir, as principais coordenadas teóricas que norteiam a clínica da esquizofrenia desde as elaborações de Freud até as derivações dadas por alguns de seus seguidores.

Do ponto de vista dinâmico, Freud propõe a existência de um conflito entre o mundo exterior e o ego. Ele fala numa rejeição da realidade equivalente à repressão das pulsões na neurose.

Freud distingue três grupos de manifestações no seio das organizações psicóticas: 1) as do resíduo da normalidade; 2) as de retração da libido e 3) as de restituição da libido aos objetos.

Não se trata, portanto, em todos os casos, de uma retração geral da libido, de uma rejeição total da realidade. Ela pode ser quase total nas formas mais hebefrênicas e catatônicas. Quase total, e não total, já que, logo após uma fase catatônica, o doente pode dar uma enumeração correta dos acontecimentos ocorridos na realidade, durante sua crise.

A rejeição é, porém, muito mais completa na hebefrenia e na catatonia que nas formas delirantes da esquizofrenia. Essas ficam dominadas pelas formações delirantes, que exercem o papel de sintomas de restituição. As formações delirantes criam a neorrealidade da qual fala Freud em 1924, em seu artigo *A perda da realidade na neurose e na psicose*. A realidade, na psicose, não é somente ignorada, mas é, também, recriada.

Nas formas mais paranoicas, a rejeição é parcial. Ela atinge, às vezes, um só objeto (casos de delírio de ciúmes ou erotomaníaco). O objeto eleito para desinvestimento põe então em xeque todo valor atribuído à realidade (Green, 1969, p. 6).

Melanie Klein

Uma das primeiras grandes teorizações, derivadas daquela feita por Freud, concernente ao entendimento psicanalítico das psicoses, foi realizada por Melanie Klein.

Klein criou as **posições esquizoparanoide** e **depressiva**. Isso se assemelha à distinção freudiana de 1924 entre psicoses (paranoia e esquizofrenia) e neuroses narcísicas (melancolia).

Para Klein, a posição esquizoparanoide está caracterizada pela **clivagem**[1] em objeto bom e mau (o seio). Nela intervêm

---

[1] A acepção dada por Klein ao conceito de **clivagem do ego** é a mesma que lhe atribui Freud, em suas últimas elaborações teóricas (Freud 1927, 1940 [1938]a e 1940 [1938]b). Ela é correlata do conceito de **recusa da realidade**. Tratarei dessa questão nas próximas páginas.

os primeiros mecanismos: **idealização** com onipotência, perseguição, **introjeção**[2] e **projeção** (com influência dominante da **identificação projetiva**[3]). Todas as relações são comandadas pela angústia persecutória e se desenvolvem ao modo de Talião, onde as pulsões de destruição e a inveja ameaçam constantemente o ego e o objeto.

Essas teorizações evidenciam a derivação dada por Klein à segunda teoria freudiana das pulsões. "Essa cisão originária do objeto tem como paralelo a divisão do ego [...] e, de um ponto de vista teórico, essa concepção de seios bom e mau, gratificador e frustrador, é decorrência da pulsão de vida e morte da segunda tópica freudiana" (Freire, 1998b).

Por meio dessa postulação de posições na constituição do psiquismo, M. Klein evidencia o dinamismo existente no funcionamento psíquico desde suas origens. Isso lembra o conceito freudiano de **fases**, que também permite pensar em passagens, em fixações, em evoluções e regressões.

Apoiados nessas formulações, podemos entender como, em certo período da vida, uma mesma pessoa apresenta

---

[2] Na **introjeção**, o indivíduo faz passar, de um modo fantasmático, de "fora" para "dentro", objetos (de investimento libidinal) e qualidades desses objetos. O conceito de introjeção é oposto ao de **projeção**. (Laplanche & Pontalis, 1986, p. 323 a 325). A teoria kleiniana supõe uma introjeção de aquilo que é fonte de prazer (seio bom) e uma projeção para fora de aquilo que é motivo de desprazer (seio mau).

[3] **Identificação projetiva** designa "um mecanismo que se traduz por fantasmas (fantasias), em que o indivíduo introduz a sua própria pessoa (*his self*) totalmente ou em parte no interior do objeto para o lesar, para o possuir ou para o controlar" (Laplanche & Pontalis, 1986, p. 302).

uma relação "neurótica" com o mundo, enquanto, em outro momento, pode reagir de forma "melancólica", "persecutória" ou "esquizofrênica".

É o que nos mostra Freud, em 1911, na análise de Schreber. Este era um indivíduo "normal", bem-sucedido social e profissionalmente, até o advento de sua primeira crise, diagnosticada como uma "grave hipocondria", da qual recuperou-se em poucos meses. Passou, a seguir, oito anos sem nenhum sintoma. Surgiu, então, o quadro paranoico e, em sua evolução, desenvolveu sintomas esquizofrênicos. Essa segunda etapa de sua doença manteve-o afastado do mundo exterior por vários anos. Foi nesse período que ele elaborou o livro no qual Freud se baseou para pensar a respeito das psicoses.

"Nossas hipóteses quanto às fixações disposicionais na paranoia e na parafrenia[4]", pensa Freud, "tornam fácil perceber que um caso pode começar por sintomas paranoides[5] e, apesar disso, transformar-se em demência precoce, e que fenômenos paranoides e esquizofrênicos podem achar-se combinados em qualquer proporção". E conclui, "Porque é possível que diversas fixações sejam abandonadas no curso do desenvolvimento, e cada uma delas, sucessivamente, pode permitir uma irrupção da libido que havia sido impelida para fora – começando talvez com as últimas fixações adquiridas, e passando, à medida que a

---

[4] "Parafrenia" era o nome proposto por Freud para designar a "esquizofrenia".

[5] Freud discute, em trecho anterior ao citado aqui, o surgimento da hipocondria em Schreber.

moléstia se desenvolve, às originais, que se acham mais perto do ponto de partida" (1911, capítulo III).

Melanie Klein (1952), em suas *Notas sobre alguns mecanismos esquizoides*[6], apresenta uma teoria similar à de Freud, com relação às possíveis migrações do psiquismo pelos seus diversos pontos de fixação. Ela credita às "ansiedades características da psicose que se manifestam nos primeiros anos da infância" a origem dos "pontos de fixação para todos os distúrbios psicóticos" (p. 314). Para Klein, essas ansiedades e os mecanismos de defesa que propiciam são não apenas *normais*, mas, constitutivos do desenvolvimento psíquico humano. É a partir deles que o ego se forma, separando um interior de um exterior, possibilitando uma relação adequada do indivíduo com as pessoas e com seu entorno.

Klein sustenta a presença de relações objetais "desde o princípio da vida". Seriam, inicialmente, relações com objetos parciais, pois propõe que "o primeiro objeto é o seio da mãe". Este é dividido, para a criança, em um seio bom, que é introjetado e um seio mau, que é projetado para o exterior. "Essa divisão resulta em uma separação nítida de amor e ódio".

O "impulso destrutivo", existente "desde o começo", "volta-se contra o objeto e expressa-se, primeiramente, nos ataques fantasiados sado-orais ao seio materno, o que em breve se converte em agressões generalizadas ao corpo da mãe por todos os meios sadistas. Os medos persecutórios resultantes dos impulsos

---

[6] Agradeço a Márcia de Mello Franco a indicação desse texto.

sado-orais infantis [...] são da maior importância para o desenvolvimento da paranoia e da esquizofrenia" (p. 314). Várias das "defesas típicas do ego primitivo" e a maioria dos "fenômenos predominantes nos primeiros meses de vida encontra-se depois no quadro sintomático da esquizofrenia" (p. 315).

Klein também acredita que "ao ego primitivo falta coesão, em alto grau, e a tendência para a integração alterna com a tendência para a desintegração, a fragmentação em múltiplas parcelas" (p. 317). Justifica essa hipótese pela ideia de que "a ansiedade nasce da atividade da pulsão de morte dentro do organismo, que é sentida como o medo do aniquilamento (morte) e assume a forma de medo de perseguição. [...] A necessidade vital de enfrentar e dominar a ansiedade obriga o ego primitivo a desenvolver mecanismos de defesa fundamentais. O impulso destrutivo é parcialmente projetado no exterior" e, pensa Klein, "vincula-se ao primeiro objeto externo, o seio da mãe". "Como Freud assinalou", diz ela, "a porção remanescente do impulso destrutivo é, até certo ponto, aglutinada pela libido dentro do organismo. Contudo, nenhum desses processos preenche inteiramente o seu propósito e, portanto, continua ativa a ansiedade de ser interiormente destruído. Parece-me", conclui, "de acordo com a falta de coesão que, sob a pressão dessa ameaça, o ego tende a fragmentar-se. Essa fragmentação parece estar subentendida nos estados de desintegração dos esquizofrênicos" (p. 318).

Klein imputa essa fragmentação do ego à projeção, introjeção e identificação projetiva de partes do corpo da criança no corpo da mãe. Da mesma forma pela qual se dá a divisão do seio em bom e mau, ocorrem sucessivas clivagens de outras partes do ego, correspondentes aos órgãos-fonte de pulsão: anus, uretra... Essas partes destacadas do ego são projetadas "para *dentro* da mãe". A criança identifica-se com essas partes boas e más introduzidas no corpo da mãe. Além da proteção contra seus impulsos destrutivos, esse mecanismo tem também por objetivo controlar e tomar posse da mãe. Isso significa que ele faz parte do processo que deve culminar com a possibilidade de uma relação da criança com um objeto unificado. "Na medida em que a mãe passa a conter as partes más do eu, ela não é sentida como um indivíduo separado, mas como *o* eu mau" (p. 322). No decurso desse processo, no entanto, a vivência, para a criança, é a de fragmentação de seu corpo. "Os vários processos de divisão do ego e dos objetos internos resultam no sentimento de que o ego está em pedaços. Isso equivale a um estado de desintegração". E conclui com a ideia de que, "Nos pacientes adultos, os estados de despersonalização e de dissociação esquizofrênica parecem constituir uma regressão a esses estados infantis de desintegração" (p. 324 e 325).

É o "primeiro bom objeto interno" aquele que "atua como um ponto focal no ego" que "compensa os processos de divisão e dispersão, fomenta a coesão e integração e serve de instrumento na formação do ego" (p. 319). Isto nos leva a pensar que quanto mais intenso for o investimento da pulsão de vida – o amor – sobre o objeto bom internalizado, maior a possibilidade para aquele indivíduo de obter a coesão e a integração de seu ego.

Aludindo "ao mesmo processo de outro ângulo", Winnicott propôs que "a integração e a adaptação à realidade depende, essencialmente, da experiência de amor e carinho maternos que a criança sente" (Klein, 1952, p. 319).

A partir dessas novas teorizações, fica muito mais fácil entendermos porque era tão árduo, para Clara, "obter a coesão e a integração de seu ego". Ela nunca conseguiu sentir essa "experiência de amor e carinho maternos". Os cuidados que Claudia lhe dispensava não se dirigiam à pessoa dela, mas ao apaziguamento de sua própria ferida narcísica, produzida pela perda do "filho homem".

A predominância da introjeção do objeto bom e a proteção que sua idealização oferece contra as ameaças destrutivas permitem a passagem à posição depressiva. Nesta, o objeto chega a ser um objeto total, onde o bom e o mau ficam vinculados à presença e à ausência do objeto. Quando o luto do objeto é alcançado, substituindo a angústia depressiva, começa a reparação contra a ameaça de destruição que pode pesar sobre o objeto.

A fixação à primeira destas posições propicia a instalação das psicoses esquizofrênicas e paranoicas.

"Se o desenvolvimento durante a posição esquizoparanoide não se processou normalmente e a criança não pode – por razões internas ou externas – suportar o impacto das ansiedades depressivas, estabelece-se um círculo vicioso", nos diz

Klein. E esclarece, "Pois se o medo persecutório e os correspondentes mecanismos esquizoides forem demasiado fortes, o ego não é capaz de eliminar a posição depressiva. Isso obriga o ego a regredir para a posição esquizoparanoide e reforça os antigos medos persecutórios e fenômenos esquizoides. Assim fica estabelecida a base para várias formas de esquizofrenia na vida adulta, pois, quando tal regressão ocorre não só os pontos de fixação na posição esquizoide são reforçados, mas há também o perigo de maiores estados de desintegração" (Klein, 1952, p. 331).

Podemos, a partir da teoria kleiniana, supor que Clara, logo após a separação de Mário, tentava elaborar a posição depressiva. Os sintomas, que apresentava naquela época, são característicos desse estado: tristeza profunda; apatia; desinteresse pelo mundo exterior; inibição motora, chegando à imobilidade absoluta por longos períodos; autocríticas, sentimentos de impotência e de desvalia; insônia, inapetência.

Com a frustração causada pelo afastamento daquele que ela tentava constituir como objeto total, personificado naquele momento de sua vida na pessoa de Mário, Clara teria ficado à mercê de suas próprias pulsões destrutivas[7].

Uma vez separada de Mário, ela perdeu a possibilidade de

---

[7] Ou, como diria Freud (1917[1915]), "a sombra do objeto caiu sobre o ego" de Clara.

ter um objeto externo no qual pudesse projetar sua pulsão destrutiva. Em consequência da identificação projetiva[8] que tinha com ele, a energia dessa pulsão agressiva de Clara voltou-se contra seu próprio ego. Todos os sentimentos hostis que lhe dirigia voltaram-se contra si mesma. Durante um ano, Clara tentou elaborar esse luto, sem sucesso. Tarefa inglória essa à qual estava destinada, pois, ao separar-se Mário, ela "levantou a poeira" de outros lutos, também coartados em seu fim. Estavam condensados, na pessoa do marido, as figuras do pai, da mãe e da tia de Clara. Lembremos que a "cena da separação" representava, para Clara, a possibilidade de reparar o drama que Claudia vivera com o marido. Nessa "reencenação", Clara pretendia, por meio de sua própria vida, conseguir efetivar uma separação, facilitada pelo ódio dirigido ao objeto, sem que isso culminasse com a morte desse objeto. A separação de seus pais só se concretizou com a morte de Fernando. Mário estava ali, portanto, personificando o pai de Clara, de quem esta, identificada com a figura de sua mãe, deveria separar-se. O final feliz dessa nova versão da vida de Claudia consistiria em Fernando (Mário) não morrer e Claudia (Clara) casar-se com o homem pelo qual se apaixonara.

---

[8] Mário era o objeto sobre o qual Clara projetava componentes tanto de sua pulsão erótica quanto de sua pulsão destrutiva. Ela também se identificava com ele, a partir das características dessas suas pulsões, que via como sendo dele. Poderíamos falar aqui, também, de identificação narcísica, usando a terminologia freudiana.

Clara também transferira para Mário parte da libido originalmente investida em Claudia, na tentativa de separar-se dela, constituindo uma relação onde o objeto fosse "descolado" de si mesma.

Pelo pai, ela nunca tinha conseguido chorar e, pela mãe, ela ainda não tinha chorado o quanto precisava. (Mário lhe disse: "Para com isso! Já faz seis meses que sua mãe morreu") Por ambos, ela também mantinha rancores. O pai fora sempre "ausente". A mãe "nunca conseguiu enxergá-la".

Assim, quando se viu deixada ao sabor dos próprios afetos, sem um objeto externo no qual pudesse projetar a hostilidade que tudo isso despertava nela, "criou" um novo objeto para si. Um objeto alucinatório. Passou a ouvir um candidato à Presidência da República fazer declarações de amor para ela, em seus discursos de campanha eleitoral... Este encarnou à perfeição o papel que Clara lhe atribuía: era, simultaneamente, um personagem sedutor e carismático, por um lado, e odiento e desprezível, por outro.

Para proteger-se da ansiedade persecutória despertada pelo ódio nos estados de frustração, o psiquismo utiliza o mecanismo de **idealização**. Os aspectos bons do objeto são exagerados. A idealização também provém "do poder dos desejos instintivos, que almejam uma gratificação ilimitada e, portanto, criam uma imagem do seio inexaurível e sempre abundante – um seio ideal" (Klein, 1952, p. 320).

É esse o processo ao qual Klein atribui a origem das alucinações. Na "gratificação alucinatória ocorrem dois processos interligados: a evocação onipotente do objeto e situação ideais e o igualmente onipotente aniquilamento do mau objeto persecutório e da situação dolorosa"[9] (p. 321).

Para preservar o objeto idealizado, a existência do mau objeto, assim como toda situação de frustração e os sentimentos maus (dor) que ela desperta, são negados. "Isso está associado à negação da realidade psíquica". Essa só se torna possível por meio "de fortes sentimentos de onipotência – uma característica essencial da mentalidade primitiva". Contudo, não é apenas uma situação e um objeto que são negados – é toda uma relação objetal. "Por conseguinte, uma parte do ego, da qual emanam os sentimentos para o objeto, é também negada e aniquilada" (p. 321).

Estaríamos próximos, nessa teorização de Klein, do conceito freudiano de rejeição da realidade. Nesse, porém, Freud não postula um aniquilamento nem da realidade frustrante, nem dos afetos a ela ligados. Ele acredita que suas representações ficam apenas desinvestidas, desligadas no psiquismo do indivíduo. Elas só perdem seu valor associativo.

De qualquer forma, apesar das diferenças conceituais, encontramos, tanto em Freud, quanto em Klein, uma série de explicações que nos permitem concluir que existem, ao longo

---

[9] Cabe ressaltar a semelhança que a teoria kleiniana da gênese das alucinações tem com aquela de Freud, que expus no capítulo anterior. Ele também atribui à experiência de dor a origem das alucinações.

do desenvolvimento psíquico normal, uma série de pontos onde o ser humano pode se "enroscar" ou, como diriam eles, se fixar. Ambos também acreditam em um dinamismo constante do funcionamento psíquico com "idas e vindas" para pontos mais evoluídos ou mais primitivos de seu desenvolvimento, ao longo da vida.

Além da condição própria de cada um, o indivíduo também fica sujeitado aos inevitáveis percalços de sua existência. São vários os fatores que podem interagir para determinar se aquela pessoa vai adoecer ou vai adaptar-se adequadamente às agruras que se lhe apresentam: a história de seu nascimento; a história de vida de seus pais; o lugar que ela vem a ocupar naquela família; a maneira pela qual ela é tratada, desde antes mesmo de nascer (se é desejada, se é fruto de uma relação de amor entre seus pais etc.); as situações socioeconômicas pelas quais sua família e ela mesma vão passando no decorrer de sua vida, entre muitos outros.

Pouco depois de ter alta de sua primeira internação psiquiátrica, Clara soube que seria "readaptada". Isto significava perder o "cargo de confiança" e o "adicional" de salário que lhe correspondia. Não teve outra alternativa. Precisou pedir transferência para outra unidade, onde não a conheciam. Passou a desempenhar uma tarefa burocrática, muito aquém de sua formação e de sua capacidade laborativa. Lá, não exerceria a função pela qual tanto lutara, mas, ao menos, não teria seu salário reduzido. Nem seria olhada pelos colegas como "a louca". Foi uma decisão difícil. Após tantos anos de investimento em sua carreira, estava abandonando a possibilidade de ser reconhecida profissionalmente.

Não demorou muito para que Clara, agora sem o cargo que tanto valorizava e sem marido, voltasse a entrar em crise. Foi internada novamente e, desta vez, por dez meses consecutivos.

Na ocasião, Rafael tinha cinco anos de idade. Clara pediu que a irmã cuidasse dele um dia em que se sentia mal, quando estava entrando em crise. A irmã levou o filho de Clara à casa de Mário. Ao ter alta, ela descobriu que o ex-marido lhe tirara a guarda do filho.

Em poucos anos, Clara perdeu sua identidade de filha, de esposa, de mãe e de profissional.

Mesmo assim, ela continuou lutando. Tentou reorganizar sua vida pessoal e amorosa. Comprou um apartamento, com o dinheiro que obteve na separação. Tentou uma série de investidas amorosas. Chegou a morar com alguns namorados, mas, todos foram se mostrando "insatisfatórios". Uns bebiam, outro usava drogas, outro era "cleptomaníaco". Os amigos foram se afastando. A irmã já mostrava evidentes sinais de desânimo quanto às perspectivas de um futuro mais promissor para Clara. Ela sofreu dez internações psiquiátricas, num período de dez anos.

*Como me disse, tempos depois do início de nosso trabalho:
"Não tinha motivos para sentir vontade de viver..."
Poderíamos concluir, então, a partir da teoria kleiniana,
que Clara teve uma infância difícil, repleta de angústias
persecutórias. Aos dez anos de idade, conseguiu, por meio
da relação com sua tia, alcançar uma organização psíquica
que lhe propiciou uma existência "normal" por mais de
duas décadas de vida. Cresceu, estudou, trabalhou, foi
líder estudantil, casou-se, teve um filho... Após separar-
se de Mário, teve uma crise depressiva[10]. Um ano depois,
teve seu primeiro surto psicótico.
Diríamos, então, que, com a separação de Mário, houve
uma regressão ao início da posição depressiva e, após mais
um ano, outra regressão à posição esquizoparanoide.*

"O início da posição depressiva é a emergência em que, pela regressão, os mecanismos esquizoides podem ser reforçados", explica Klein (1952, p. 399).

*Foi nesse estado que conheci Clara. Fenomenologica-
mente, poderíamos descrevê-la, naquele período, como
"catatônica"[11].*

---

[10] Para maiores informações a respeito das questões da *Depressão*, remeto o leitor ao livro de Daniel Delouya, nessa mesma coleção.

[11] Ver a descrição desse seu aspecto no capítulo 2, item "Distúrbios da psico-motricidade".

Green (1969) diz que, quanto mais evolui a estrutura esquizofrênica para a forma hebefrenocatatônica, mais trabalha o princípio de Nirvana. O papel deste princípio é a redução quantitativa dos investimentos até o nível zero. É uma manifestação do narcisismo primário absoluto. Esta orientação coincide com a dos investimentos de objeto para o ego. Sua expressão aparece nos delírios de grandeza, forma extrema de alienação, hoje em dia raramente encontrada devido à sensibilidade terapêutica, acrescida do tratamento com drogas psicotrópicas. O delírio de grandeza é delírio de imortalidade, contrário e sinônimo do estado de morte. Seu valor defensivo – contra a aniquilação mortal – mostra a importância das ações das pulsões de destruição orientadas para o ego e a prevalência da libido narcisista sobre a libido objetal (p. 7 e 8).

A partir de suas teorizações sobre as psicoses, Green pensa seu tratamento em contraposição ao das neuroses. Nestas, o trabalho terapêutico enfocaria a questão da castração, objeto da repressão das pulsões. Na esquizofrenia, onde a rejeição se dirige à realidade, a cura implicaria a constituição de mecanismos de defesa (ou processos de estruturação) do ego menos maciços que a fragmentação. Isso se daria por um trabalho de reforço do ego, que visaria, afinal, a aquisição da identidade que permite a triangulação[12]. A repressão, em vez de dirigir-se

---

[12] A separação ego/mundo-externo corresponde à diferenciação que o sujeito adquire em relação a sua mãe e permite a entrada no **complexo de Édipo**. Neste, inicia-se o processo de triangulação: filho/mãe/pai, que abre o caminho para a neurotização. Nas neuroses o conflito central gira ao redor das questões da castração.

à realidade, deve incidir sobre o id. Deslocar o conflito id/ego contra o mundo exterior ao conflito ego/mundo exterior contra o id, no sentido da neurotização (p. 10).

Outros autores, principalmente aqueles que seguem a teoria lacaniana, não concebem a ideia de que um tratamento possa viabilizar a passagem de uma forma "psicótica" a uma forma "neurótica" de funcionamento psíquico. Não abordaremos, entretanto, essas vertentes, no presente escrito.

Vejamos, a seguir, algumas propostas psicanalíticas para a clínica da esquizofrenia.

8.

ALGUMAS POSSIBILIDADES DE TRATAMENTO PSICANALÍTICO DA ESQUIZOFRENIA

Freud não acreditou, até o final de sua obra, na possibilidade de "nenhum sucesso terapêutico" no "trabalho com psicóticos", apesar do "grande e valioso conhecimento" obtido pela psicanálise a partir desse campo (1937). Justificava essa crença com a ideia de que, "quando não existe nenhuma inclinação para uma transferência de emoção tal como esta [proveniente de relações emocionais que tiveram sua origem nas primeiras ligações de objeto, durante o período reprimido da infância], ou quando se torna completamente negativa, como acontece na demência precoce ou na paranoia, então também não há qualquer possibilidade de influenciar o paciente por meios psicológicos" (1925 [1924]).

Apesar da veemência dessas afirmações, vários seguidores de Freud embrenharam-se na tarefa de tentar tratar psicóticos. Utilizando as descobertas dele com relação aos mecanismos de funcionamento psíquico nas psicoses, esses psicanalistas reviram os critérios que Freud postulou para uma atuação terapêutica da psicanálise. A **transferência** (ou sua ausência), considerada, até então, seu maior obstáculo, passou a ser um dos instrumentos usados no trabalho com psicóticos.

"Creio ser, em grande parte, o processo de divisão que explica o fracasso do paciente em estabelecer contato com o analista e sua falta de reação às interpretações do analista. O próprio paciente sente-se alheado e distante, e esse sentimento corresponde à impressão do analista de que parcelas consideráveis da personalidade do paciente e de suas emoções são inacessíveis", comenta Klein (1952, p. 335) a respeito de seu trabalho com pacientes esquizoides. Ela explica que o fato desses pacientes frequentemente não verem sentido nas interpretações que se lhes oferece em sua análise, sugere que eles "não podem enfrentar a interpretação: não a aceitam nem a rejeitam". A interpretação simplesmente não encontra ressonância na cadeia simbólica do psiquismo desses pacientes. Eles não conseguem simbolizá-la. O analisando não consegue conectar as palavras do analista a quaisquer representações em seu psiquismo. Este apresenta-se clivado: funcionando sob a égide do mecanismo de negação [rejeição] da realidade.

A proposta terapêutica de Klein, resultante dessas observações, é a de interpretar, para o paciente, as causas específicas da divisão. "Tais interpretações devem ocupar-se em pormenor da situação da transferência nesse momento, incluindo, é claro, a conexão com o passado" (p. 338).

Transferência "designa, em psicanálise, o processo pelo qual os desejos inconscientes se atualizam sobre determinados objetos [de investimento afetivo]. [...] Trata-se de uma repetição de protótipos infantis vivida com uma sensação de atualidade acentuada. [...] O que essencialmente é transferido é a realidade psíquica. [...] São restos das relações intersubjetivas da infância, reais ou fantasiosas, que vão de novo manifestar-se numa relação aberta à comunicação [a relação analítica]" (Laplanche & Pontalis, 1986, p. 668).

No funcionamento psicótico, a realidade psíquica constitui-se a partir das relações intersubjetivas onde ocorreu a **rejeição**. Quando esta acontece, a comunicação desse material da realidade rejeitado com o restante das representações psíquicas fica impedida. Isso se evidencia tanto na forma como esses indivíduos se apresentam, como na maneira com que eles desenvolvem seus vínculos afetivos. Portanto, o que aparece no psicótico, como equivalente da transferência, é a repetição da rejeição. E essa rejeição é sempre rejeição da falta, rejeição da ausência. Remete à recusa da percepção da castração.

O conceito de **castração** refere-se, simbolicamente, ao momento, na saída do complexo de Édipo, em que o filho recebe a "mensagem" de que ele não pode ter a mãe, nem ser aquele que a completa. A partir daí, ele tem de buscar suas satisfações libidinais eróticas em outro lugar, não mais no meio familiar.

O termo **castração** é empregado aqui em seu sentido metafórico. Não se aplica exclusivamente ao momento edípico. Pode ser usado para pensar todas as situações em que, no psiquismo humano, existe uma relação dual, complementar, onde deve intervir um corte[1] para realizar uma individuação, que permitirá, finalmente, a inserção desse sujeito na cultura.

> *O mecanismo de rejeição permeia toda história de Clara e sua forma de estar no mundo. Ele explica sua impossibilidade em percebe-se separada da mãe e de todos os outros objetos que foi procurando constituir, ao longo de sua vida, como substitutos desse personagem. Justifica, também, as diversas tentativas que fez para elaborar a carência de corte, de separação, nessas relações duais. Evidencia-se, por fim, em seus ensaios de instauração de uma brecha, de uma falta que a configurasse como um sujeito, um ser autônomo.*
>
> *A observação dos fenômenos decorrentes da doença que desenvolveu também mostram a forma como esse seu mecanismo de rejeição foi se expressando. Ele aparece no que foi descrito no capítulo 2 como "desagregação mental": "bloqueio do pensamento", pensamento "embaralhado", "desordenado", "lentificado", "elíptico" e "descontínuo", com "descarrilamentos". Todos esses "distúrbios do pensamento" apontam para os efeitos da rejeição no psiquismo de Clara.*

---

[1] Na teoria lacaniana, a castração corresponde à intervenção do **nome-do-pai**, na relação dual mãe-filho.

Devido às brechas criadas pela eliminação da percepção de determinadas partes da realidade, o que se apresenta no contato com o observador é um pensamento "desagregado", "dissociado", isto é, com falhas em sua homogeneidade, com soluções de continuidade: fragmentado.

Faltam conexões entre as ideias. Elas se mostram ora deslocadas, ora condensadas, justapostas por contiguidade, como no funcionamento psíquico do processo primário. Formam um amontoado de fragmentos aparentemente desconexos. Como em um quebra-cabeça, cada peça apenas indica sua ligação com o todo da figura da qual faz parte. Esta, porém, ainda está por ser "montada".

Da mesma forma que no conteúdo manifesto do sonho, o que aparece são imagens aparentemente incoerentes. É o trabalho da elaboração secundária, do pensamento consciente, que pode permitir juntar as peças e fazer ligações para atribuir-lhes um sentido. Só então, esses fragmentos podem ser incluídos em um contorno, adquirir uma forma e um aspecto compatíveis com a figura de um ego coerente, que possa ser reconhecido por outro ego funcionando sob a égide dos mecanismos secundários do pensamento.

Esse é o trabalho do analista de psicóticos. Ele tem de ajudar o paciente a "juntar as peças" do quebra-cabeça em que se transformou a vida deste, em determinado momento.

Partindo deste pressuposto, busca-se descobrir as falhas na comunicação: no discurso do paciente; em sua história de vida e na observação da dinâmica de suas relações, para, a partir delas, encontrar o material rejeitado e tentar restabelecer a comunicação. No trabalho com o paciente, é na relação com o terapeuta que a rejeição fica mais evidente. Nas intervenções familiares, a rejeição aparece no discurso de seus membros e na dinâmica do grupo como um todo[2].

> *Foi esse meu primeiro trabalho com Clara. Ao longo de vários meses, tratamos de "juntar as peças" do quebra-cabeça que pareciam ser sua fala e seus atos[3]. Era uma tarefa que se assemelhava à de um detetive, onde cada som ou cada gesto pode levar a uma conexão importante com a reconstituição histórica da "cena do crime" (onde se instalou a rejeição).*
>
> *Realizei três entrevistas com a irmã e uma com o filho de Clara. Foi feito um encaminhamento para terapia familiar. Clara e Filipa frequentaram este espaço poucas sessões, até Filipa desistir... Dois anos depois, a irmã e o filho de Clara iniciaram processos individuais de análise.*

Piera Aulagnier, em seu livro O *aprendiz de historiador e o mestre-feiticeiro*, fala da importância dessa reconstituição (ou construção) da história no tratamento de psicóticos. A partir disso, o paciente tem a possibilidade de adquirir uma identidade

---

[2] Em relação à questão da família de psicóticos, remeto o leitor ao meu livro *Emergências psiquiátricas*, nessa mesma coleção, particularmente ao item "A escuta da família", no capítulo 6.

[3] Ver os relatos de trechos de sessões, especialmente nos capítulos 2, 4 e 7.

própria, constituir um ego autônomo. Só então, ele poderá reconhecer-se enquanto sujeito, com desejos próprios.

Esse processo realiza-se na análise por meio da transferência. Em um primeiro momento (que pode durar anos), o paciente reinstala com o terapeuta o tipo de relação dual que não conseguiu elaborar. Repete a(s) etapa(s) de seu desenvolvimento à(s) qual(is) se fixou. Põe, no palco que o enquadre analítico propicia, o(s) sucesso(s) traumático(s) que não conseguiu mitigar. "A relação do sujeito com o enquadramento é o decalque e a forma que adquire no espaço analítico sua relação com a realidade" (Aulagnier, 1989, p. 193).

> *Clara passou meses sentindo-se explorada por mim, por ter de tomar ônibus e andar para chegar até meu consultório e, ainda, pagar as sessões[4]. Via-me, até então, como uma parte de si mesma. "Escolhi você porque achei-a muito parecida comigo", disse-me Clara, em um desses momentos de expressão de raiva pela constatação da diferença. Ter que admitir a distância que nos separava, fazer o esforço de vir ao meu encontro e pagar, para poder estar comigo, impunham-lhe a percepção de uma separação entre nós.*
>
> *Levou muito tempo para que Clara tomasse consciência de que não bastava ela sentir, pensar ou desejar algo para que eu o "adivinhasse". Só assim, descobriu que precisava*

---

[4] Ver, também, a esse respeito, no capítulo 2, o item "Distúrbios afetivos".

falar, tanto comigo quanto com as outras pessoas com as quais convivia, para que seus desejos e suas necessidades fossem levados em consideração.

Esse trabalho demandou, de minha parte, uma grande continência ao ódio que se instalava na relação, sempre que a percepção da separação que existia entre nós se apresentava para Clara. Exigiu-me, também, o cuidado de não assumir o papel de sua mãe. Eu não devia ser aquela que não percebe a filha. Apesar de ela ficar tentando colocar-me (inconscientemente) nesse lugar de aquela que decide por ela, pensa por ela ou, até, age por ela... Contava-me situações pelas quais passava e pedia que eu dissesse como deveria reagir ou o que deveria fazer a respeito. Relatava emoções ou sentimentos que tivera em determinada ocasião e questionava se estavam adequadas. "Flávio não me beijou quando nos encontramos no elevador. Você acha que eu deveria tê-lo beijado?" "Minha irmã só me liga quando está sozinha. Ela não pensa que eu passo muito mais tempo que ela sozinha... Devo ficar com raiva dela por causa disso?"

Fazer Clara perceber que tinha o direito de agir, pensar e sentir, conforme suas próprias necessidades, constitui-se no enfoque primordial da terapia. Por meio do enquadre, ela pôde viver isso comigo. Queixar-se do desgaste que lhe causava ir ao meu encontro. Pedir mudanças nos horários, nos pagamentos, na forma de entrar, estar e sair das sessões. Questionar as interpretações que eu lhe oferecia nas sessões... e, finalmente, discutir o texto do presente livro comigo.

Lacan propõe como *Uma questão preliminar para todo tratamento possível da psicose* "uma submissão completa às posições propriamente subjetivas do paciente" (Lombardi, 1999, p. 111). Essa proposta implica uma crença na existência de uma subjetividade do paciente psicótico, da presença de um "sujeito da psicose". A submissão a essa subjetividade significa sua "acolhida na transferência" (p. 110).

Acolher a transferência do paciente em estado esquizofrênico significa ficar como depositário da transferência das vivências ambivalentes do sujeito com relação ao objeto que esse tenta constituir. O analisando pode, então, transferir em seu analista características ora idealizadas, ora odiadas de seu objeto.

A idealização do analista impede a emergência e a assunção dos desejos próprios do analisando. Este mantém-se na posição de objeto dos desejos de seu analista, como o apaixonado que vive em função de realizar os desejos de seu ser amado. O paciente desaparece enquanto sujeito de seus próprios desejos.

A situação oposta, quando o ódio é depositado no analista, coloca este na posição de suportar agressões às vezes muito violentas. Isso implica "suportar a pulsão de morte que está em jogo na chamada 'agressão erotizada'" (Pommier, 1997, p. 14).

Nesses momentos, sugere Pommier, o analista deve "contentar-se com a oferta de sua presença" (p. 12), dizendo eventualmente algumas palavras para que seu "silêncio não se torne agressivo" (p. 15)[5].

Com a percepção do paciente de que seu desejo de morte com relação ao outro não se efetiva na realidade, com a experimentação de que o analista permanece vivo e "inteiro", suportando a pulsão de morte que lhe é dirigida, abre-se a possibilidade da instauração do "tempo subjetivo que é o tempo da repressão primordial[6]"[7] (Pommier, 1997, p. 16).

O indivíduo tem a possibilidade, por meio dessa vivência, de integrar o amor e o ódio. Quando o analisando percebe que o analista não se "desintegra" em consequência da força dos desejos de morte que lhe dirige, pode perceber a separação: notar que há "um dentro e um fora", "um eu e um outro". Isso lhe abre o acesso à simbolização do material que permanecia rejeitado em seu psiquismo. A partir daí, ele pode investir libidinalmente as representações das experiências de dor rejeitadas, tendo a chance de "domesticá-las". Assim, essas experiências podem vir a ser "esquecidas", isto é, serem depositadas no id. Instaura-se, com isso, a clivagem fundamental

---

[5] De minha parte, tendo a interpretar para o paciente a origem tanto de suas agressões quanto de suas "submissões", vinculando-as com sua história de vida, tal como propõe Klein.

[6] A expressão "repressão primordial" é sinônima de "recalcamento originário".

[7] A conclusão que tiro, a seguir, é minha. Pommier afirma que "o psicótico é sempre psicótico" (p. 23). Ele não acredita na possibilidade de mudança de estrutura (neurose, perversão ou psicose) em um determinado indivíduo.

entre ego e id, permitindo "deslocar o conflito id/ego contra o mundo exterior ao conflito ego/mundo exterior contra o id, no sentido da neurotização" (Green, 1969, p. 10).

O sujeito tem a possibilidade de conseguir, dessa forma, conectar as partes fragmentadas de seu ego e alcançar um funcionamento não esquizofrênico.

> *Clara pôde, durante essa análise, pleitear o cargo que perdera na época de sua primeira internação psiquiátrica. Conseguiu, também, retomar um projeto que mantivera "adormecido" desde sua adolescência. Iniciou uma carreira artística...*

9.

Conclusão

Um psicanalista ortodoxo, ao ler os relatos dos fragmentos de sessões, no início desse livro, talvez ficasse "indignado" com o tipo intervenções que aparecem ali. Fazer perguntas; trazer elementos novos, não extraídos da fala do paciente naquela sessão; fazer alusões à história dele, não explicitada pelo próprio indivíduo naquela sessão, possivelmente deixaria muitos analistas "de cabelo em pé".

Estes, seriam profissionais habituados ao trabalho com pacientes neuróticos. Talvez alguns me recriminassem: *"Mas a psicanálise foi concebida com esta finalidade. Freud elaborou suas teorias sobre o aparelho psíquico a partir de suas investigações sobre a histeria!"* Eles teriam razão, se pensássemos a psicanálise como uma ciência que estagnou na primeira parte das formulações teóricas de seu criador. Freud iniciou, efetivamente, suas pesquisas a respeito do funcionamento do psiquismo humano estudando as neuroses. Ele mesmo e muitos de seus seguidores avançaram, porém, por outros campos da psicopatologia desde então.

A clínica psicanalítica hoje já não é, nem poderia ser, a mesma dos primórdios de sua fundação. Está melhor embasada em decorrência dos anos que vem sendo praticada e mais flexível às mudanças que a cultura foi lhe impondo. Cabe a nós adequarmo-nos a essas mudanças e ficarmos atentos aos seus progressos e aos das ciências a ela correlatos.

Tentei expor, ao longo dessas páginas, algumas ideias sobre as possibilidades atuais de intervenção da psicanálise na clínica da esquizofrenia. Ao final, resta, a convicção de que ficou muito por dizer, discutir e interrogar. Inicialmente, havia o propósito de mostrar sua eficácia, nesse campo. Agora, sobra a certeza de só ter conseguido narrar um pequeno fragmento daquilo que já se pensou, elaborou e exercitou a partir dos ensinamentos de Freud.

Não tive, tampouco, a oportunidade de apresentar ao leitor todo o trabalho realizado pelo restante da equipe clínica, que atuou comigo no tratamento de Clara. Restringi-me aos dados que serviram de ilustração à compreensão do "caso". A intervenção desses colegas, foi, porém, fundamental para que o processo terapêutico, como um todo, se desenvolvesse. Sem a medicação, a terapia familiar e o acompanhamento terapêutico, Clara não teria conseguido alcançar os objetivos que ela almejava: não se ver e não ser mais vista como "louca". Cada profissional da equipe usou técnicas e instrumentos específicos aos objetivos terapêuticos que visava. Todas essas intervenções, entretanto, foram norteadas pela compreensão psicanalítica da dinâmica de Clara.

Gostaria de ter podido transmitir muito mais... Consolo-me, entretanto, com as próprias palavras do mestre:

"Os ensinamentos da psicanálise baseiam-se em número incalculável de observações e experiências, e somente alguém que tenha repetido estas observações em si próprio e em outras pessoas acha-se em posição de chegar a um julgamento próprio sobre ela" (1940 [1938]).

Convido, portanto, todos que se interessam pela clínica com pessoas que se encontram vivendo uma experiência esquizofrênica, a porem a "mão na massa" e a cabeça a pensar e a estudar...

Referências Bibliográficas

ANZIEU, D. *El yo-piel*. Madrid: Biblioteca Nueva, 1994.

ASSOCIAÇÃO PSIQUIÁTRICA AMERICANA. *DSM IV: Manual diagnóstico e estatístico de transtornos mentais*. Porto Alegre: Artes Médicas, 1995.

AULAGNIER, P. *A violência da interpretação: do pictograma ao enunciado*. Rio de Janeiro: Imago, 1979.

———. *O aprendiz de historiador e o mestre-feiticeiro: do discurso identificante ao discurso delirante*. São Paulo: Escuta, 1989.

BATESON, G. *et al. Interacción familiar: aportes fundamentales sobre teoría y técnica*. Buenos Aires: Tiempo Contemporáneo, 1971.

BAULEO, A.J. *Ideología, grupo y familia*. Buenos Aires: Kargieman, 1974.

BIN, K. Temporalidade da esquizofrenia. *Revista Latinoamericana de Psicopatologia Fundamental*, 1(4):30-54, 1998.

CABAS, A.G. *A função do falo na loucura*. Campinas: Papirus, 1988.

DOR, J. *Introdução à leitura de Lacan: o inconsciente estruturado como linguagem*. Porto Alegre: Artes Médicas, 1989.

EY, H. *et al. Manual de psiquiatria*. Rio de Janeiro: Masson, 1981.

FERNÁNDEZ, F.A. *Fundamentos de la psiquiatría actual*. Madrid: Paz Montalvo, 1979.

FERREIRA, A.B.H. *Dicionário Aurélio básico da língua portuguesa*. Rio de Janeiro: Nova Fronteira, 1995.

FOUCAULT, M. *História da loucura*. São Paulo: Perspectiva, 1991.

FREIRE, J.M.G. Uma reflexão sobre a psicose na teoria freudiana. *Revista Latinoamericana de Psicopatologia Fundamental*, 1(1):86-110, 1998a.

———. Possibilidades da clínica psicanalítica no tratamento com psicóticos. *Revista Latinoamericana de Psicopatologia Fundamental*, 1(4):55-73, 1998b.

FREUD, S. & BREUER, J. (1893) Sobre o mecanismo psíquico dos fenômenos histéricos: comunicação preliminar. *Edição eletrônica brasileira das obras psicológicas completas de Sigmund Freud*. Rio de Janeiro: Imago, v.2.

FREUD, S. (1950[1892-1899]) Extratos dos documentos dirigidos a Fliess. *Edição eletrônica brasileira das obras psicológicas completas de Sigmund Freud*. Rio de Janeiro: Imago, v.1.

———. (1894) As neuropsicoses de defesa. *Op. cit.*, v.3.

———. (1950 [1895]) Projeto para uma psicologia científica. *Op. cit.*, v.1.

———. (1900) A interpretação dos sonhos. *Op. cit.*, v.4.

———. (1901) Sobre a psicopatologia da vida cotidiana. *Op. cit.*, v.6.

———. (1905a) Três ensaios sobre a teoria da sexualidade. *Op. cit.*, v.7.

———. (1905b) Os chistes e sua relação com o inconsciente. *Op. cit.*, v.8.

———. (1910) Leonardo da Vinci e uma lembrança da sua infância. *Op. cit.*, v.11.

———. (1911) Notas psicanalíticas sobre um relato autobiográfico de um caso de paranoia *(dementia paranoides)*. *Op. cit.*, v.12.

———. (1912) Uma nota sobre o inconsciente na psicanálise. *Op. cit.*, v.12.

———. (1913a) Sobre o início do tratamento. *Op. cit.*, v.12.

———. (1913b) A disposição à neurose obsessiva: uma contribuição ao problema da escolha da neurose. *Op. cit.*, v.12.

———. (1913c) O interesse científico da psicanálise. *Op. cit.*, v.13.

———. (1914) Sobre o narcisismo: uma introdução. *Op. cit.*, v.14.

———. (1915) O inconsciente. *Op. cit.*, v.14.

———. (1916 [1915]) Suplemento metapsicológico à teoria dos sonhos. *Op. cit.*, v.14.

———. (1916-17) Conferências introdutórias sobre psicanálise (Conferência 26: A teoria da libido e o narcisismo). *Op. cit*, v.16.

———.(1917 [1915]) Luto e melancolia. *Op. cit.*, v.14.

———.(1919) O estranho. *Op. cit.*, v.17.

———. (1920) Além do princípio do prazer. *Op. cit.*, v.18.

———. (1921) Psicologia de grupo e análise do *ego*. *Op. cit.*, v.18.

———. (1923) A organização genital infantil. *Op. cit.*, v.19.

———.(1924 [1923]) Neurose e psicose. *Op. cit.*, v.19.

———.(1924) A perda da realidade na neurose e na psicose. *Op. cit.*, v.19.

———. (1925a) A negativa. *Op. cit.*, v.19.

———. (1925b) Algumas consequências psíquicas da distinção anatômica entre os sexos. *Op. cit.*, v.19.

———. (1925 [1924]) Um estudo autobiográfico. *Op. cit.*, v.20.

———. (1927) Fetichismo. *Op. cit.*, v.21.

—. (1933 [1932]) Novas conferências introdutórias sobre psicanálise (Conferência 33: Feminilidade). *Op. cit.*, v.22.

—. (1936) Um distúrbio de memória na Acrópole. *Op. cit.*, v.22.

—. (1937) Construções em análise. *Op. cit.*, v.23.

—. (1940 [1938]a) A divisão do *ego* no processo de defesa. *Op. cit.*, v.23.

—. (1940 [1938]b) Esboço de psicanálise. *Op. cit.*, v.23.

GREEN, A. *La nosographie psychanalytique des psychoses.* Informe apresentado no Colóquio Internacional sobre Psicoses. Montreal, 1969.

—. *Narcisismo de vida, narcisismo de morte.* São Paulo: Escuta, 1988.

HORNSTEIN, L. *Introdução à psicanálise.* São Paulo: Escuta, 1989.

JABLENSKY, A. Resolving schizophrenia's CATCH22. Nature Genetics, 36, 674-675, 2004.

KAPLAN, H. I. & SADOCK, B. J. *Compêndio de psiquiatria.* Porto Alegre: Artes Médicas, 1990.

KATZ, C. S. (org.) *Psicose: uma leitura psicanalítica.* Belo Horizonte: Interlivros, 1979.

—. *Freud e as psicoses: primeiros estudos.* Rio de Janeiro: Xenon, 1994.

KAUFMANN, P. *Dicionário enciclopédico de psicanálise: o legado de Freud a Lacan.* Rio de Janeiro: Zahar, 1996.

KLEIN, M. (1952) Notas sobre alguns mecanismos esquizoides. In KLEIN, M. *et al. Os progressos da psicanálise.* Rio de Janeiro: Zahar, 1969.

LACAN, J. *As psicoses (O Seminário,* livro 3). Rio de Janeiro: Jorge Zahar, 1985.

LAPLANCHE, J. & PONTALIS J.-B. *Vocabulário da psicanálise.* São Paulo: Martins Fontes, 1986.

LOMBARDI, G. *La clínica del psicoanálisis (Las psicosis).* Buenos Aires, Atuel, 1999, v.3.

MCCARTHY, S.E. et al. Microduplications of 16p11.2 are associated with schizophrenia. Nature Genetics 41, 1223-1227, 2009.

MALRAUX, A. *A condição humana.* Lisboa: Livros do Brasil, s/d.

O'DONOVAN M.C. et al. Identification of loci associated with schizophrenia by Genome - wide association and follow-up. Nature Genetics, 40, 1053-1055, 2008.

ORGANIZAÇÃO MUNDIAL DA SAÚDE (OMS) *Classificação de transtornos mentais e de comportamento: descrições clínicas e diretrizes diagnósticas.* Porto Alegre: Artes Médicas, 1993.

PÉNOT, B. *Figuras da recusa.* Porto Alegre: Artes Médicas, 1992.

PEREIRA, M.E.C. Bleuler e a invenção da esquizofrenia. *Revista Latinoamericana de Psicopatologia Fundamental,* 3(1): 158-163, 2000.

POMMIER, G. *D'une logique de la psychose.* Paris: Point Hors Ligne, 1983.

———. *La transferencia en la psicosis.* Santa María del Buen Aire: Kliné, 1997.

SANTA CRUZ, M.A. O sujeito silenciado: uma crítica às práticas em "saúde mental". *Percurso,* 5(9):14-21, 1992.

SEARLES, H. O esquizofrênico e sua experiência singular do mundo. *Percurso,* 13(24):5-18, 2000.

SIGAL, A.M. Francis Bacon e o pânico: uma falha no recalque primário. In FUKS, L. B. & FERRAZ, F. C. (orgs.) *A clínica conta histórias.* São Paulo, Escuta, 2000.

SOUZA, M.L.R. O hospital: um espaço terapêutico? *Percurso,* 5(9):22-28, 1992.

STERIAN, A. *Emergências psiquiátricas: uma abordagem psicanalítica*. São Paulo: Casa do Psicólogo, 2000.

SZASZ, T.S. *A fabricação da loucura: um estudo comparativo entre a inquisição e o movimento de saúde mental*. Rio de Janeiro: Zahar, 1978a.

———. *Esquizofrenia: o símbolo sagrado da psiquiatria*. Rio de Janeiro: Zahar, 1978b.

VALLADA, H.P.F & SAMAIA, H. Esquizofrenia: aspectos genéticos e estudos de fatores de risco. Revista Brasileira de Psiquiatria, 22(Supl I):2-4, 2000.

WAELHENS, A. *A psicose: ensaio de interpretação analítica e existencial*. Rio de Janeiro: Zahar, 1990.

WARNER, R. & GIROLAMO, G. *Schizophrénie: épidémiologie des troubles mentaux et des problèmes psychosociaux*. Genève: OMS, 1995.

WINNICOTT, D.W. *O brincar e a realidade*. Rio de Janeiro: Imago, 1975.